Heinz G. Günther
Olaf Günther

Clever Möbel kaufen

In der gleichen Reihe erschienen:

Clever Küchen kaufen
ISBN 978-3-9814858-6-8
Infos im Internet: www.cleverkuechenkaufen.de

Clever mieten – Tipps und Tricks für Mieter
ISBN 978-3-9811218-8-9
Infos im Internet: www.mietrecht-information.de

Clever bauen – dem Pfusch am Bau ein Kontra!
ISBN 978-3-9808863-4-5
Infos im Internet: www.hausbau-maengel.de

Wir freuen uns über Ihr Interesse an diesem Buch. Gerne stellen wir Ihnen kostenlos weitere Informationen zu unserem Programm zur Verfügung.

Bitte sprechen Sie uns an oder besuchen Sie uns im Internet:

Verlag Günther Net Publishing
Gertrud-Bäumer-Weg 4
D-71522 Backnang

Telefon: +49 7191 345537-1
Telefax: +49 7191 345537-2

Internet: www.gnp-verlag.de

Heinz G. Günther
Olaf Günther

Clever Möbel kaufen

Qualität erkennen und vergleichen, den günstigsten Preis herausholen

Verlag Günther Net Publishing

Hinweis: Wir sind stets bemüht, Sie mit unseren Werken nach bestem Wissen zu informieren. Dieser Ratgeber beruht auf unserer Kenntnis der jeweiligen Sach- und Rechtslage. Verbindliche Auskünfte holen Sie sich bitte bei Ihrem Rechtsanwalt ein.

ISBN 978-3-9814858-7-5 10. aktualisierte Auflage
(ISBN 978-3-9814858-2-0 9. aktualisierte Auflage 2013)
(ISBN 978-3-9811218-7-2 8. aktualisierte Auflage 2010)
(ISBN 978-3-9811218-4-1 7. aktualisierte Auflage 2008)
(ISBN 3-9808863-6-0 6. aktualisierte Auflage 2006)
(ISBN 3-9808863-0-1 5. erweiterte Auflage 2004)
(ISBN 3-9807393-9-2 4. aktualisierte Auflage 2003)
(ISBN 3-9807393-6-8 3. erweiterte Auflage 2002)
(ISBN 3-9807393-3-3 2. bearbeitete Auflage 2001)
(ISBN 3-9807393-1-7 1. Auflage 2000)

Originalausgabe

Wat dem een sin Uhl,
is dem annern sin Nachtigall

Plattdeutsches Sprichwort

Vorwort
zur 10. Auflage

Hin und wieder äußern einzelne Leute aufgebracht eine abwertende Meinung über diesen Ratgeber, manchmal sogar mit recht rüden Formulierungen. Kern der Aussagen: Da stehe doch überhaupt nichts Neues drin. Das Buch sei völlig überflüssig.

Manchmal gelingt es uns, mit diesen Leuten ins Gespräch zu kommen. Dann stellt sich recht schnell heraus, dass sie selbst entweder Händler, Verkäufer oder Insider der Möbelbranche sind oder sich als Möbelkäufer bereits mühsam und mit viel Zeitaufwand in die Materie eingearbeitet haben.

Für diese Leute haben wir „Clever Möbel kaufen“ jedoch nicht geschrieben. Wir möchten vielmehr diejenigen Verbraucher ansprechen, die sich für die Verkaufsmaschen und die ausgelegten Preisfallen im Möbelhandel bisher wenig oder gar nicht interessiert haben und deshalb viel zu vertrauensselig an ihren Möbelkauf herangehen. Und das sind nach wie vor mehr als 90% aller Möbelkäufer.

Für diese schreiben wir und viele, viele schreiben uns. Ihre Fragen und Erfahrungen sind für uns die Richtschnur, nach der wir diesen Ratgeber seit dem Erscheinen der Erstauflage im August 2000 auf dem neuesten Stand halten.

Die vorliegende neue 10. Auflage bietet Ihnen vor allem in den Kapiteln Möbelqualität, Möbelpreise und Preisvergleich noch detailliertere Informationen als zuvor. Zudem profitieren Sie von über 20 weiteren Tipps, die wir zu diesen Themen eingearbeitet haben.

Auch die neuesten Verkaufstricks der Möbelhändler haben wir beleuchtet und zeigen auf, wie man clever darauf reagiert.

Wir sind uns daher auch dieses Mal sicher, dass mit unseren Insidertipps und mit der Kaufstrategie - unserem „5-Schritte-Möbeldeal“ - wieder viele Tausend Leser prächtige Einsparungen bei ihrem Möbelkauf erzielen werden.

Wir wünschen Ihnen viel Spaß beim Lesen und mit dem beim cleveren Möbelkauf ersparten Geld!

Herzlichst Ihre

Heinz G. Günther

Olaf Günther

Vorwort
zur Erstauflage

Vom **Möbel-Saulus** zum **Möbel-Paulus**

Saulus? Paulus?

Sie müssen nicht im Neuen Testament nachschlagen, ich erkläre es Ihnen.

35 Jahre lang verfolgte ich die Möbel-Gemeinde, sprich: Die Möbelkäufer.

Ich half mit, sie auf Möbelpreise festzunageln, die den Möbelhändlern satte Gewinne brachten. Auch wenn das Preisniveau inzwischen bröckelte, fett sind die Gewinne immer noch. Denn die Händler kaufen entsprechend billiger ein, insbesondere die Großen und Riesen, wobei sie die Kleinen und Mittelgroßen an die Wand drücken.

So etwas kennzeichnen die Insider der Branche mit Schlagworten wie Marktbereinigung, Strukturwandel, Produktionsverlagerung in Niedriglohnländer und Globalisierung.

Ich mischte kräftig mit als Unternehmensberater des Möbelhandels, ja sogar aus Spaß als Verkäufer bei Sonderverkaufsveranstaltungen (z.B. Räumungsverkäufen).

Es störte mich anfangs nicht, dass viele Möbel Murks sind. Für gutes Geld schlechte Qualität? Hauptsache die Kasse stimmt.

Wann genau mein Damaskus stattfand, vermag ich nicht zu sagen. Die Bekehrung ging langsam vor sich.

Als mir aber ein Möbler frech grinsend sagte: „Da haben Sie es! Die Polstergurken wurden vor 5 Minuten verkauft. Zu meinem Preis und ohne Nachlass. Und Sie haben gemeint, die mindere Qualität dürfe man nicht mit 100 kalkulieren!“, war für mich der Ofen aus.

Jetzt diene ich der Möbelgemeinde, sprich: Den Möbelkäufern.

Ich diene vor allem mit meinem vielbeachteten Ratgeber „Clever Möbel“ kaufen, mit dem E-Mail-Newsletter „Möbel-Tipps“ und mit Online-Abhandlungen über Sonderthemen auf meiner Internetseite www.moebel-tipps.de.

Wir wollen doch mal sehen, ob Sie, liebe Möbelkäuferin, lieber Möbelkäufer, mit Ihrer Marktmacht (Es ist Ihr Geld, das der Möbler haben will) einiges vom Gewinn der Branche abzwacken können.

Das wird die Möbler ärgern? Hauptsache die Kasse stimmt. Diesmal bei Ihnen.

Herzlichst Ihr

Inhaltsverzeichnis

1. Möbel kauft irgendwann jeder – aber wie?

1.1. Wer war zuerst da?

Ich will mit einer Binsenweisheit beginnen.

Es liegt in unserer Natur, nach einem gemütlichen Zuhause zu streben. Dazu brauchen wir Möbel.

Weil wir sie uns heutzutage nicht mehr selbst bauen, tun das andere für uns. Und deshalb gibt es die Möbelbranche.

Damit wäre die ewige Streitfrage, wer zuerst da war, **die Henne oder das Ei...**

... auch für unseren Fall geklärt. Die Rangfolge ist eindeutig:

Der Möbelkäufer kommt zuerst, dann der Möbelhändler!

„Was soll diese Binsenweisheit?“, werden Sie sagen.

Ich hebe sie deshalb hervor, weil **beim Möbelkauf diese natürliche Rangfolge schon seit langem auf dem Kopf steht.**

Wie ich beobachten muss, blicken die meisten Möbelkäufer zum Möbelhändler geradezu unterwürfig auf und bieten ihm ihr Geld dar - so als müssten sie dankbar dafür sein, dass er ihnen die Möbel jetzt und hier und für diesen Preis überhaupt verkauft.

Ich möchte erreichen, dass der Möbelkäufer nicht mehr denkt:

„Wie schön doch diese Möbel sind – hier, lieber Möbelhändler, ist mein Geld dafür."

Nein, er soll denken und agieren nach dem Grundsatz:

„Hier ist mein Geld – diesen Betrag und nicht mehr werde ich für Ihre schönen Möbel ausgeben."

1.2. Vom Möbelkäufer zum Geschäftspartner

So einfach ist eine solche Wandlung im Käuferverhalten aber wohl doch nicht. Wie sonst wäre es zu erklären, dass meine uralte Behauptung immer noch nicht widerlegt ist:

90 % der Möbelkäufer ...

... zahlen zuviel!

Hand aufs Herz: Gehören auch Sie dazu? **Kaufen Sie nur, oder machen Sie dabei auch ein Geschäft?**

Kaufen alleine geht so:

> Familie Abelein fühlt sich im Schlafzimmer nicht mehr wohl. Die Betten quietschen, die Matratzen sind durchgelegen, der Kleiderschrank quillt über.
>
> Eines Tages machen sie sich spontan auf und schauen sich in den Möbelhäusern um. Tatsächlich finden sie recht schnell ein

Stück, das sie begeistert. Eine geschickte Verkäuferin nimmt sie in die Mangel. Die Entscheidung fällt rasch: „Das kaufen wir. Komplett wie es da steht!“ Und ruck, zuck ist der Kaufvertrag unterschrieben.

Erst später, als die Abeleins daheim zu Abend essen und dabei das Möbelkauferlebnis noch einmal Revue passieren lassen, steigt es bei Frau Abelein plötzlich hoch: „Du, wir haben ja gar nicht über den Preis geredet!“ – „Naja, Mutter“, beruhigt Herr Abelein seine Frau und wohl auch sich selbst, „Das Möbelhaus hat einen guten Ruf. Die werden uns schon nicht übers Ohr hauen!“

Oder so:

Endlich Feierabend. Erschöpft ließ sich Uwe in den Sessel fallen und schloss die Augen. Unter ihm quietschte es: Ein altbekannter, hässlicher Ton. Nach einer Weile bewegte sich Uwe, um eine gemütlichere Sitzposition einzunehmen. Wieder dieses schauerliche Quietschen!

Beate, die auf dem 2-sitzigen Sofa kauerte und in einer Frauenzeitschrift blätterte, schaute zu ihm hin. „Ich kann dieses Quietschen nicht mehr hören!“, lamentierte sie. Als sie die angewinkelten Beine ausstreckte, quietschte es auch bei ihr. Sie stand auf und setzte sich in die Ecke des daneben stehenden 3-Sitzers, rückte wippend auf den mittleren Sitz und schließlich in die andere Ecke. „Wenigstens diese Couch ist noch in Ordnung!“, bemerkte sie.

Uwe gähnte. „Die Polstergarnitur ist hinüber. Schau Dir doch nur den abgewetzten Stoff an! Wir sollten uns eine neue Garnitur anschaffen. Aber eine gescheite. Vielleicht in Leder. Wie siehst Du das?“

Für Beate stand schon einige Zeit fest, dass eine neue Polstergarnitur her musste. Und es sollte nur beste Ware sein. „Das wird uns eine Menge Geld kosten“, meinte sie. „Qualität hat nun einmal ihren Preis“, bestätigte Uwe.

In den nächsten Tagen und Wochen hielten Beate und Uwe Ausschau nach Polstermöbeln. Sie studierten Zeitungsanzeigen und Prospekte. Dabei staunten sie nicht schlecht, dass es fast nur noch um **Rabatt und Prozente** ging und wussten nicht so recht, wie sie das bewerten sollten.

Schließlich schlenderten sie in großen und kleinen Möbelhäusern herum und fuhren an die 50 Kilometer weit zum größten Möbelzentrum der Region. Ja, sie reisten sogar noch weiter zu einem so genannten Luxuspolsterlager, das über 200 Messe- und Ausstellungsgarnituren anbot, deren Preise bis zum Gehtnichtmehr reduziert sein sollten.

Also nahmen Sie Platz in unzähligen Polstergarnituren, wippten prüfend auf den Sitzen, streiften mit den Händen über Bezugsstoffe und Leder, kniffen in Armlehnen und Rückenpolster. Sie hörten sich die Ausführungen der Einrichtungsberaterinnen und -berater an, wobei sie sich manchmal nur mit Mühe dagegen zu wehren vermochten, sogleich einen Kaufvertrag zu unterschreiben. Denn es gab Verkäufer/innen, die ausgefeilte Überredungstechniken anwandten. Ihre Verwirrung war immer größer und größer geworden.

Was zum Teufel ...

... war denn nun Qualität?

Sie hatten in teuren Garnituren gesessen und sich unbehaglich gefühlt. Andererseits hatten ihnen vergleichsweise günstige Polster ein wohliges Sitzgefühl vermittelt.

Bis jetzt hatten sie hauptsächlich auf ansprechendes Design und behagliches Gefühl beim zwangsläufig kurzen Sitztest geachtet. Aber reichten diese Auswahlkriterien tatsächlich aus?

Was war mit den vielen anderen Kriterien und Fachbegriffen, mit denen die Berater um sich geworfen hatten?

Nur über einen Punkt waren sie sich allmählich klar geworden: Für eine Polstergarnitur, die ihren immer noch laienhaften Vorstellungen entsprach, wurden so zwischen 2,500,00 und 3.000,00 € verlangt.

Es galt, in dieser Preislage das beste Stück zu schnappen.

Wenn unser Pärchen jetzt noch den PC einschalten und im Internet nachschauen würde, fände es zwar unzählige Polstermöbelhersteller und virtuelle Möbelmärkte. Aber würde dort das begehrte Schnäppchen zu machen sein?

Uwe und Beate kauften schließlich in einem mittelgroßen Einrichtungshaus eine

Ledergarnitur „Finesse“

Rindernappaleder, Lederqualitätsstufe 55, Scotchgard®-Finish, Farbe moosgrün, bestehend aus 3er-Sofa (Rücken in echt Leder), 2er-Sofa und 1 Sessel; Hersteller: Wilca-Wagner Polstermöbel (Weidhausen/Oberfranken); 5 Jahre Herstellergarantie für

2.498,00 € und Lieferung frei Haus.

Die Lieferzeit dauerte 4 Wochen. Sie zahlten den Kaufpreis per Überweisung sofort nach Lieferung.

Die gleiche Garnitur - sie waren sich ziemlich sicher, dass es die gleiche war - hatten sie in einem größeren Möbelhaus in der Nähe für 2.898,00 € gesehen. Über die Einsparung von 400,00 € freuten sie sich sehr.

Oder letztlich so?

Wie es der Zufall will, spielte sich etwa zur selben Zeit und nicht weit vom Wohnort unseres Pärchens entfernt dies ab:

Ein Lehrerehepaar kaufte ebenfalls die Ledergarnitur „Finesse" von Wilca-Wagner. Es hatte sich anlocken lassen durch die schrille Werbung eines Möbelhauses:

„Räumungsverkauf wegen Geschäftsaufgabe: Alles echt reduziert! Bis zu 50%!"

Die hier ausgestellte „Finesse" hatte allerdings hellbeiges Leder und beim 3er-Sofa war der Rücken mit einem Nesselstoff bespannt. Sonst aber war alles gleich, auch die Lederqualität.

Der **Preis von 3.998,00 €** war **durchgestrichen**. Jetzt wurde ein **Abholpreis von 2.798,00 €** verlangt, zuzüglich 25,00 € Lieferkosten.

Auf die Lieferkosten verzichtete der Möbelhändler schließlich nach zähen Verhandlungen. Er verlangte aber eine Anzahlung in Höhe von 400,00 €. Der Restbetrag war bei Lieferung in bar fällig. Die Lieferung sollte in 4 Wochen stattfinden.

Nachdem das Lehrerehepaar das Möbelhaus verlassen hatte, drängte sich Sorge wegen der geleisteten Anzahlung auf. Der Möbler könnte vielleicht einfach mit der Anzahlung verschwinden, ohne die Möbel geliefert zu haben. Über so etwas hatte die Presse ja schon öfter berichtet. Man beruhigte sich aber, als man sich erkundigte und erfuhr, dass der Möbelhändler ortsansässig und Eigentümer der Liegenschaften war.

Als nach 5 Wochen die gekaufte Garnitur ins Haus gebracht wurde, freute sich das Lehrerehepaar ebenfalls sehr über das vermeintliche Schnäppchen.

Diese Fälle sind nicht erfunden. Sie orientieren sich an der Praxis des Möbelhandels, die wir ständig beobachten und analysieren.

Beachten Sie die Ergebnisse**: Ein und dieselbe Polstergarnitur kostet zwischen 2.898,00 und 2.498,00 €.**

Außer Familie Abelein, die der Preis überhaupt nicht scherte, zahlte niemand den höchsten Preis. Die einen sparten 400,00 €, die anderen 100,00 €. Eine gewisse Cleverness ist deshalb den Käuferpaaren durchaus zuzuschreiben.

Dennoch weiß ich, dass **auch 2.498,00 € immer noch zu viel sind** (siehe Ziffer 1.4.). Also gehören unsere Musterpaare trotz allem zu dem großen Kreis der Zuvielzahler. **Sie kaufen nur, sie machen aber kein Geschäft.**

Warum ist das so?

Meine Antwort ist: Die Möbelkäufer wissen es (noch) nicht besser. Sie sind nach wie vor arglos und vertrauensselig. Viele denken wahrscheinlich: „Ich kaufe ja nur ab und zu irgendwelche Möbel. Als kleiner Kunde kann ich mich doch bei den großen Möbelhändlern nicht aufspielen? Was könnte ich denn schon ausrichten? Ich habe ja gar keine Ahnung."

Also geht es doch wieder um „Henne - Ei" oder „Ei - Henne".

Wenn dem Möbelkäufer klar ist, dass der Möbelhandel für ihn da ist und nicht umgekehrt, dann tritt er nicht mehr als Bittsteller auf, sondern als **selbstsicherer Geschäftspartner, der genau weiß, was er für sein Geld fordern kann.**

Fordern? Gewiss doch! Selbstverständlich nicht utopisch, sondern **fundiert.**

Dazu muss man viel über die Möbelbranche wissen. Man braucht Marktübersicht und möglichst darüber hinaus noch Insiderinformationen.

Spätestens an diesem Punkt merkt man, wie dürftig die üblichen Informationsquellen sind.

1.3. Wie der Möbelhändler seine Kunden taxiert

Bevor ich dem Informationsmangel zu Leibe rücke, möchte ich noch darlegen, wie der Möbler seine Kunden sieht. Das wäre gewissermaßen die Kehrseite der Medaille „90% zahlen zu viel“. Und darauf steht:

Die Möbelhändler greifen viel zu kräftig...

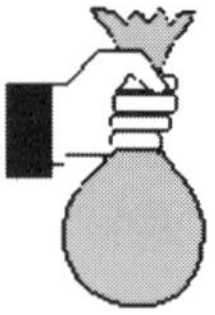

... in den Geldbeutel ihrer Kunden!

Das gelingt ihnen, weil sie schätzungsweise wissen, was drin ist. Sie tasten die Geldbeutel mit einem immer effizienter werdenden Instrumentarium ab:

Marktanalyse, versteckte Kundenbefragung, Kundenbindungsprogramme, Bonuskarten, Rabattcoupons sind einige Stichworte.

Vielfach sind wir es also selbst, die den Möbelhandel mehr oder weniger freiwillig über den Inhalt unseres Geldbeutels bzw. über unsere Kaufkraft informieren.

Aus diesen Informationen entwickelt der Möbler **Käuferprofile**. Er sortiert uns nach

- Großverdienern
- Besserverdienern
- gehobenem Mittelstand
- Durchschnittsverdienern
- Schicht der unteren Einkommen etc.

Natürlich hat der Möbler auch Geldbeträge vor Augen, wenn er sich die Käuferprofile vorstellt, beispielsweise die Jahreseinkommen bei

- Normalverdienern 15.000,00 - 30.000,00 €
- Besserverdienern 30.000,00 - 55.000,00 €
- Großverdienern über 55.000 €.

Anhand der Käuferprofile erschließt der Möbelhändler seine **Marktsegmente**. Das sind diejenigen Teilbereiche aus der Gesamtheit aller potentiellen Möbelkäufer (Markt), aus denen er Geld für seine Möbel ziehen will.

Wenn der einzelne Möbelhändler entschieden hat, welches Marktsegment er abgrasen will, dann muss er das richtige Möbelsortiment aus dem richtigen Preissegment präsentieren.

Schon wieder ein neuer Begriff: **Preissegment**. Was es damit auf sich hat, werde ich unter Ziffer 3. erläutern. Hier sei nur vermerkt, dass sich die Preissegmente mit den Marktsegmenten vermischen. Aus Sicht der Möbler wird nur derjenige Erfolg haben, der die richtige Mischung erwischt. Einfache Beispiele:

> Ein Normalverdiener wird seine Möbel nicht in einem Studio für Luxusmöbel suchen, denn da geht er erst gar nicht hin.
>
> Umgekehrt wird sich wohl eher selten ein Millionär seine Villa mit Discountmöbeln einrichten.

Leser haben mir berichtet, dass sie in den Möbelhäusern manchmal das Gefühl hatten, vom Verkaufspersonal richtig abtaxiert zu werden: „Zu welcher Käuferschicht gehört der wohl?“

1.4. So nicht mehr - nur noch so

Zugegeben, man könnte es als lange Vorrede bezeichnen, dass ich so ausführlich über das Käuferverhalten schreibe. Aber das ist notwendig. Denn wenn Sie sich irgendwie darin wieder finden und sagen: „Ja, so ähnlich war das auch bei mir", dann werden Sie sich gewiss entschließen, anders als bisher den Möbelkauf anzugehen.

Gut so. Damit wäre meine provokante Frage beantwortet: **Kaufen Sie nur, oder machen Sie dabei auch ein Geschäft?** (siehe Ziffer 1.2.). Sie sind auf Erfolgskurs:

Clevere Möbelkäufer

Sie zahlen nicht mehr als
die Möbel wert sind,
manchmal sogar weniger.

Beim Kaufbeispiel der Ledergarnitur „Finesse" erwähnte ich, dass der als ein Schnäppchen erscheinende Preis von 2.498,00 € immer noch zu hoch sei. Deshalb muss ich Ihnen jetzt verraten, was ein cleverer Möbelkäufer dafür zahlte:

> Mein Freund Emil hat diese Garnitur für sage und schreibe 2.300,00 € erworben und somit **21% weniger gezahlt, als der teuerste Händler (2.898,00 €) verlangte.**

Als sich Emil in den neuen Sessel plumpsen ließ, seufzte er:

Die Alte* ist rausgeschmissen.
Jetzt fahr ich in Urlaub! **

* Die Polstergarnitur natürlich
** vom eingesparten Geld

Auch Sie werden es bei Ihrem Möbelkauf in gleicher Weise schaffen.

Also:

Dazu muss man wissen, wie der Möbelhandel **wirklich** funktioniert und

- ✓ die Preispolitik,
- ✓ die Werbestrategien und
- ✓ die Abhängigkeiten usw.

kennen.

Dann geht man Schritt für Schritt vor, um

- ✓ die Qualität mit einfachen Tests selbst zu bestimmen
- ✓ die eigenen Preisvorstellungen abzustecken
- ✓ den besten Preis herauszuholen
- ✓ den Kauf mustergültig abzuschließen.

1.5. Welche Rolle spielt dabei die Möbelqualität?

Bisher war hauptsächlich vom Geld die Rede. Das musste wohl auch sein.

Aber welche Rolle spielt beim Möbelkauf die Qualität?

Viele Möbelkäufer sagen: „Die Qualität spielt bei mir eine sehr große Rolle. Ich kaufe keinen Schund, den ich bald wieder entsorgen müsste."

Bravo, da stimme ich zu.

Es gibt natürlich Fälle, bei denen es auf Qualität nicht ankommt. Junge Leute beispielsweise, die mit dem Geldverdienen erst anfangen, sagen: „Uns reichen zunächst die billigen Mitnahmemöbel. Wir werden später sowieso in eine schönere Wohnung ziehen. Erst da müssen dann richtige Möbel rein."

Solche Kunden liebt der Möbelhandel. Sie kommen nämlich bald wieder.

Manchmal suchen auch so genannte Best Ager mit vollem Geldbeutel nach Billigmöbeln, von denen sie wissen, dass sie nichts taugen: Die wollen sie nämlich nur in ihr Gartenhäuschen stellen.

Die Masse der Möbelkäufer aber stößt recht bald auf die Qualitätsfrage. Denken Sie an das Beispiel von Beate und Uwe und ihren Stoßseufzer: „Was zum Teufel ist denn nun Qualität?" (Ziffer 1.2.).

Für welchen Zweck auch immer man Möbel beschafft: Ich meine, die Qualitätsfrage sollte stets im Vordergrund stehen.

2. Die Möbelqualität: Ein Expertengeheimnis?

2.1. Möbelpreis gleich Möbelqualität?

Man hört oft sagen: „Was teuer ist, ist auch gut.“ - „Was nichts kostet, taugt nichts.“

Die Möbelhändler hauen in die gleiche Kerbe. In manchem Möbelhaus hängt das schöne Poster:

> „Die Freude über einen niedrigen Preis währt nicht
> so lange wie der Ärger über schlechte Qualität.“

Mit diesen griffigen Sprüchen ist aber Qualität keineswegs definiert. Sie suggerieren nur, stets teuer einzukaufen.

Der Möbelhändler lächelt innerlich darüber. Wenn er Experte in Sachen Möbelqualität ist, weiß er:

> Qualität und Preis haben wenig miteinander zu tun. Ein **optimales Preis-Leistungs-Verhältnis** gibt es bei Möbeln kaum.

Das allseits beliebte Schlagwort Preis-Leistungs-Verhältnis mag ich persönlich gar nicht. Denn wer weiß schon genau, was es bedeutet?

Ich bin dafür, Qualität und Preis immer getrennt für sich anzugehen: **Die Qualität ist eine Sache, der Preis die andere.**

Haben wir erst einmal Klarheit über die Qualität eines Möbelstücks gewonnen, müssen wir uns bemühen, den besten Preis dafür herauszuholen. Oder umgekehrt:

Erscheint uns der Preis eines Möbelstücks annehmbar, müssen wir dahinter steigen, wie gut die Qualität ist.

2.2. Wie der Möbelhändler die Möbelqualität sieht

Wenn der Möbelhändler seine Ware einkauft, achtet er hauptsächlich darauf, dass sie auch zu seiner Kundschaft passt (siehe die Ausführungen über Käuferprofile und Marktsegmente unter Ziffer 1.3.). Denn er muss Umsatz machen. Vor nichts graust es ihn mehr als vor Ladenhütern, die sich nicht „drehen“. Mögen sie auch noch so hochwertig und preiswert sein.

Ein Beispiel: Stellt ein Möbler eine hochwertige Polstergarnitur von Rolf Benz in seine Ausstellung, obwohl er weiß, dass er nicht die Kundschaft dafür hat, vernichtet er quasi damit sein Geld.

Auch die Qualität seiner Möbel betrachtet der Möbelhändler unter diesem Gesichtspunkt:

Mit Blick auf seinen Kundenkreis muss die Qualität seiner Möbel **umsatzgerecht** sein.

So kommt es oft vor, dass er Möbel geringerer Qualität einkauft und sie mit hohen Preisen auszeichnet. Gemessen an ihrer Güte müssten diese Möbel günstiger sein. Als Qualitätsexperte weiß das der Möbelhändler, aber ihn stört das nicht. Für seine Kundschaft ist die Qualität ausreichend. Die Verkaufszahlen beweisen es.

Andererseits kommt es auch vor, dass er hochwertige Möbel anfangs zu günstig ausgezeichnet hat. Sobald er das an den Verkaufszahlen erkennt, setzt er die Preise schnell herauf, damit sie wieder in sein Marktsegment passen.

Mit anderen Worten:

Wenn ein Händler beispielsweise einen Möbelladen betreibt, der als „zwar teuer – aber mit guten Möbeln“ gilt, **ist die Qualität seiner Möbel keineswegs immer so hochwertig**, wie der Kunde meint.

2.3. Wie clevere Möbelkäufer die Qualität sehen

Ich höre meine Leser jetzt förmlich schreien: „Nun sagen Sie doch endlich, was Möbelqualität ist. Wie baut sie sich auf? Wie kann ich selbst beurteilen, ob Möbel von hoher oder minderer Qualität sind? Den Einflüsterungen der Verkäufer im Möbelhaus traue ich nicht."

Gut. Aber machen wir es richtig.

Dazu müssen wir zunächst die **Gedanken an Preise und Kosten beiseite schieben** und uns auf die Materialien und Konstruktionsmerkmale konzentrieren.

Wie immer: Auch diese Regel gilt nicht ohne Ausnahme. Manchmal müssen Preise zur Orientierung mit herangezogen werden (zum Beispiel Ziffern 2.5.3. und 2.6.8.).

Unter dieser Prämisse werden wir jetzt die **Möbelqualität** sorgfältig selbst...

... unter die Lupe nehmen!

Das gelingt natürlich nur, wenn man die Möbel in der Realität vor sich stehen hat. Insofern ist unser „Spielfeld" die Ausstellung im Möbelhaus.

Was aber ist, wenn man Möbel per Internet kaufen will? Die stehen ja nur virtuell zu Verfügung. Man kann sie nicht anfassen.

Auch da gibt es Möglichkeiten. Darauf komme ich unter Ziffer 8.

2.4. Die Qualität bei Polstermöbeln

2.4.1. Der Profi-5-Schritte-Qualitätstest

Eine Polstergarnitur gefällt Ihnen auf den ersten Blick durch ihr Design und ihren Bezug (Stoff, Leder oder andere Materialien).

Bei einer guten Garnitur stimmt natürlich auch die Ergonomie. So müssen Sie sitzen und sich dabei wohl fühlen:

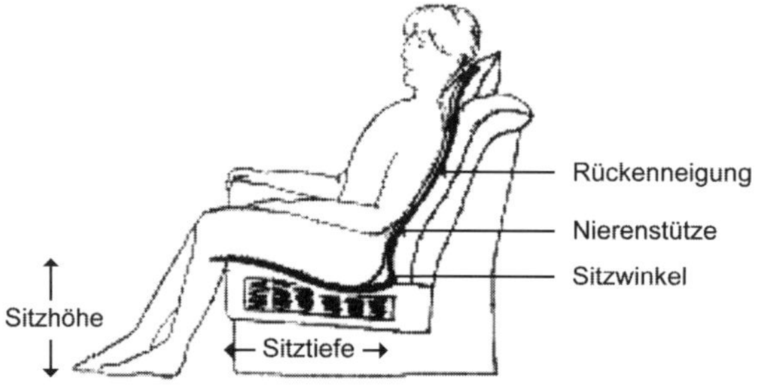

Das **Sitzgefühl** ist also ein Qualitätsmerkmal, über das jeder für sich entscheidet.

Ein zweiter, genauerer Blick gilt den Nähten, Absteppungen und Knopfheftungen und vermittelt eine weitere Dimension von Qualität:

- ✓ Wirft der Bezug zwischen den Nähten und Absteppungen außergewöhnliche Falten?
- ✓ Wirkt etwas schief und ungewollt verzogen?
- ✓ Sind die Abnähungen, Heftungen und Absteppungen gleichmäßig und fest?

Schauen Sie sich den **Nähteverlauf** über die gesamte Garnitur hinweg näher an und drücken Sie an verschiedenen Stellen prüfend hinein.

Gleichmäßige Nähte zeugen von guter Qualität.

Ärgerlich wird es, wenn später einmal Nähte aufreißen. Deshalb sollte man immer ihre Reißfestigkeit prüfen.

Sie gewinnen einen Eindruck von der **Reißfestigkeit**, wenn Sie beide Hände rechts und links einer Naht flach auflegen, die Daumen parallel dazu. Dann ziehen Sie das Material auseinander, bis die Stiche sichtbar sind.

Je enger die Stiche, desto haltbarer die Naht.

Sollte man durch kräftigeres Ziehen gar an die Grenze der Haltbarkeit gelangen, weiß man, was einen später erwartet.

Sobald man sich in ein Polster gesetzt hat, das man eventuell kaufen möchte, wippt man unwillkürlich herum, streicht über den Bezug, drückt hinein. Das gibt aber kaum Aufschluss über die Qualität.

Man müsste wissen, was im Inneren steckt. Man müsste einen Sessel aufschneiden und auseinander nehmen können!

Doch halt, äußerlich ist noch ein Qualitätsmerkmal erkennbar:

Kippen Sie einen Sessel um und schauen Sie ihn sich von unten an. Zunächst sieht man nur einen Spannstoff, der das Innere abdeckt.

Uns interessiert, wie dieser befestigt ist. Üblicherweise ist der Spannstoff mit Metallklammern angetackert.

Ansicht der Sessel-Unterseite

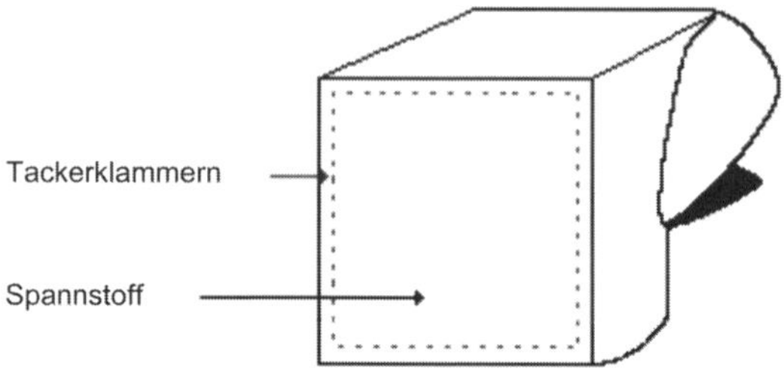

Hier erkennen Sie, ob sorgfältig gearbeitet wurde. Der **Spannstoff** sollte am Rand umgelegt und jede einzelne Tackerklammer gerade in diesen Saum eingeschossen sein. Wenn eine Borte die Klammern abdeckt, zeugt dies alleine noch nicht von guter Verarbeitung. Es könnte nämlich auch Tarnung für schlecht ausgeführtes Tackern sein. Durch Befühlen der Borte können Sie aber feststellen, ob die Klammern exakt sitzen.

Eine solche Verarbeitung ist kostenintensiv. Selbst renommierte Hersteller von Polstermöbeln der oberen Preissegmente schludern in dieser Hinsicht.

Doch nun zum „Innenleben“ der Polstermöbel. Hier ein schematischer Schnitt durch ein Sofa:

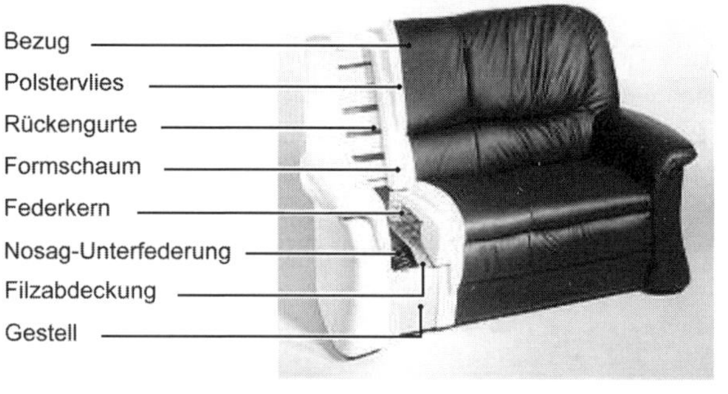

Viele Polstermöbel sind so oder ähnlich konstruiert. Hier liegen aber auch die Qualitätsunterschiede, nämlich

- ✓ in den Materialien
- ✓ im Verarbeitungsstandard
- ✓ im Konstruktionsaufwand (sind die gezeigten Konstruktionselemente einbezogen oder gar noch mehr; oder sind welche weggelassen?)

Doch aufgepasst! Manchmal sind Polstergarnituren - besonders solche der unteren Preissegmente - ohne Federkern und ohne Gurtverspannung im Rückenteil konstruiert. Sie sitzen also nur auf Schaumstoff!

Mit einem Kniff können Sie herausfinden, um welche Konstruktion es sich handelt: Mit der **Knieprobe.**

Sie legen ein Knie auf die Sitzfläche und drücken es wippend hinein:

Empfinden Sie bei der **Knieprobe** ein stufenloses Zurückfedern und verspüren etwa ein leichtes Knacken, dann sind tatsächlich Stahlfedern eingebaut. Bei einer Schaumstoffkonstruktion sinkt das Knie ohne Zurückfedern ein.

Und noch ein Effekt: Handelt es sich um eine Federkernkonstruktion und spürt man bei der Knieprobe unmittelbar etwas Hartes, nämlich die Stahlfedern, ist die Ummantelung und Abdeckung nicht ausreichend. Auf diese Weise können Sie also auch bei Federkernkonstruktionen minderwertige Qualität feststellen.

Nun kennen Sie den wichtigen 5-Schritte-Test, mit dem Sie die Qualität von Polstermöbeln beurteilen:

1. Sitzprobe (Ergonomie)
2. Abtasten des Nähteverlaufs
3. Reißtest an Nähten
4. Prüfung der Unterseite eines Sessels (Tackerung)
5. Knieprobe (Federkern)

Das ist ein qualifizierter Test, wie ihn auch Experten anwenden. Nun zur Qualität der einzelnen Konstruktionselemente.

2.4.2. Das Gestell

Das Gestell muss aus Hartholz gebaut sein. Vorwiegend wird hierfür Buchenholz verwendet. Wenn Sie den Einrichtungsberater fragen, wird er das „massive Buchenholzgestell" anpreisen.

Meistens sind aber nur die Zargen aus Massivholz und diese sind auch noch mehr oder weniger stark. Ob die verarbeiteten Buchenhölzer auch gut abgelagert und getrocknet, die Zargen verleimt **und** verschraubt sind, damit das Gestell auch maximale Belastung aushält, ist leider ausschließlich Vertrauenssache, also vom Käufer nicht nachprüfbar.

Die Zwischenräume bestehen in der Regel aus so genannten Holzwerkstoffen, sprich Spanplatten (Ziffer 2.7.4.). Die Schemazeichnung verdeutlicht es:

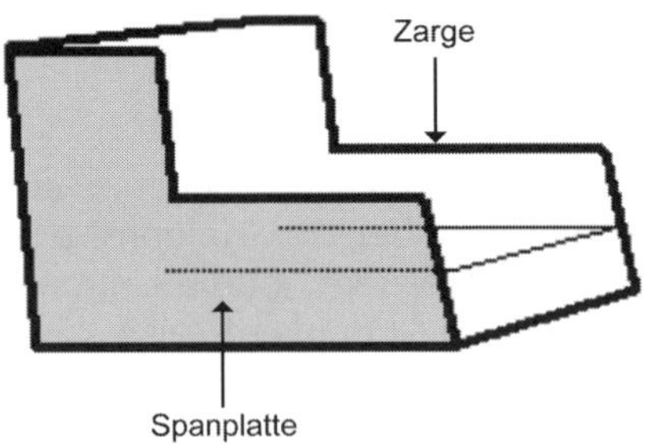

Gegen die Verarbeitung von Spanplatten beim Korpus des Polstermöbels ist grundsätzlich nichts einzuwenden. Es kommt bei den Platten aber auf die Dichte und Feinheit des Rohmaterials, also auf die kleinen Holzteilchen und/oder holzartigen Faserstoffe an.

Der Holzbrei, aus dem die Platten gegossen werden, bestimmt die Qualität. Auch die Plattenstärke (Dicke) spielt eine große Rolle. Beste Spanplatten sind teuer.

> Zumindest die **Verarbeitungsgüte** der verwendeten Holzwerkstoffe (unter anderem Spanplatten) können Sie in etwa abschätzen, wenn Sie mit der Faust leicht auf den Korpus klopfen, am besten auf die Rückseite.
>
> Klingt es hohl oder drückt sich gar die Fläche mit einem Plopp ein, können Sie von einer minderwertigen Spanplattenverarbeitung ausgehen. Es dürfte sich um Holzfaserplatten handeln, die weniger wertvoll sind.

Es braucht wohl nicht besonders erwähnt zu werden, dass die Holzwerkstoffe FCKW-frei hergestellt sein müssen. FCKW steht für Fluorchlorkohlenwasserstoffe.

Man will es gerne glauben, dass die in der Eurozone produzierenden Spanplattenhersteller die Schadstoffregelungen beachten. Sie weisen darauf hin mit dem Zeichen:

FCKW - FREI

Wie steht es aber um die Materialien der osteuropäischen und asiatischen Produzenten? Und produzieren nicht auch deutsche Hersteller zunehmend in den Niedriglohnländern Osteuropas und des fernen Ostens?

Dabei werden sicherlich die vor Ort angebotenen Materialien verwendet. Man karrt sie gewiss nicht heran aus dem fernen Deutschland.

Den Schadstoffen in Möbeln habe ich deshalb ein eigenes Kapitel gewidmet (Ziffer 2.10.).

Und wie Sie sich letztlich beim Kaufabschluss die Schadstofffreiheit garantieren lassen, werde ich Ihnen unter Ziffer 10.5. verraten.

Übrigens: Statt Spanplatten können beim Gestell auch Schichtholzplatten eingebaut sein. Schichtholzplatten bestehen aus verleimten dünnen Holzschichten. Oft werden sie auch als Sperrholz bezeichnet. Sie gelten als Massivholz. Der Preis ist entsprechend hoch.

2.4.3. Die Unterfederung

Die Unterfederung sollte eine so genannte Nosag®-Feder sein. So nennt man ein wellenförmiges Stahlband, das gestrafft auf das Gestell gespannt wird.

Auch die Nosag®-Feder kann beträchtliche Qualitätsunterschiede aufweisen. Es kommt auf die Stahlstärke und -legierung an.

Die Nosag®-Federung ist für das sanfte Wippen beim Hinsetzen verantwortlich und trägt den Sitzenden, ohne dass er das Gefühl hat, das Durchwippen sei zu Ende und er sitze nun fest auf.

Auch die Anzahl der Wellenfedern ist wichtig, da sie die Wippfähigkeit beeinflusst. Die straff gespannten Nosag®-Federn bewirken einen ständigen Druck auf das Gestell. Somit müssen Anzahl und Federkraft der Wellenfedern einerseits und die Stabilität des Gestells andererseits miteinander harmonieren. Ist dies nicht der Fall, hat man die Polsterung bald durchgesessen.

> Die oben erwähnte **Knieprobe** gibt auch Hinweise auf diese Zusammenhänge. Bei einer guten Unterfederung spüren Sie deutlich das schwungvolle Auf und Ab.

2.4.4. Der Federkern

Polstermöbelhersteller, die etwas auf sich halten, preisen die Qualität ihres Produktes an mit dem Zeichen:

Federkern

Manchmal gesteigert in dem Slogan „echter Federkern“, handelt es sich um die gute alte Sprungfeder aus Stahl.

Nun kann die Feder gut oder weniger gut sein. Dabei spielt die Legierung des Stahlgusses eine große Rolle. Fachleute nennen ihn „vergüteter Federkern“.

Auch der Durchmesser des Stahlstrangs ist bedeutsam. Beides bestimmt die Spannkraft der Federung. Hinzu kommt die Anzahl der Windungen (Spiralen). Es können 3, wie auf unserem Bild, aber auch 5 sein. Entsprechend lang ist der Federweg.

Es ist die hohe Kunst des Polsterns, hier die richtige Auswahl zu treffen und mit den Werkstoffen der übrigen Konstruktionselemente optimal zu kombinieren.

> Eine **dauerhaft ausgezeichnete Federungswirkung** ergibt sich, wenn in der weiteren Verarbeitung der Federkern in Kaltschaum integriert wird.

Ein Gütemerkmal, nach dem Sie beim Polstermöbelkauf auf jeden Fall fragen sollten.

2.4.5. Die Abdeckung

Die Nosag®-Federung (Wellenfederung) und der Federkern müssen durch eine Zwischenschicht getrennt sein, um eine optimale Federungswirkung zu erzielen. Das Material dieser Abdeckung genannten Schicht besteht vorzugsweise aus Filz. Filz ist ein Textilerzeugnis.

Nur wenn die als Abdeckung verwendete Filzmatte ausreichend dick und dazu reißfest ist, genügt sie den Anforderungen. Dann können Unterfederung und Federkern unabhängig voneinander optimal funktionieren.

Für gute Filzqualität kommt es auf die Ausgangsmaterialien und den Produktionsvorgang an. Das hat seinen Preis.

2.4.6. Der Formschaum und das über seine Qualität entscheidende Kriterium

Damit wären wir beim Herzstück der Polsterkonstruktion, das nicht nur den Sitzkomfort beeinflusst, sondern auch das äußere Erscheinungsbild der Polstergarnitur prägt.

Formschaum ist ein glatter, geschlossener (Gegensatz: offenporiger) Schaumstoff, der in Formen gegossen wird und somit vielfältige Gestaltungsmöglichkeiten bietet. Die Vorstellungen der Möbeldesigner können mit diesem Material optimal verwirklicht werden.

Hinzu kommt, dass das Gestell oder die Versteifungselemente, d.h. die tragenden Teile des Polsters, ferner auch der Federkern, unmittelbar eingeschäumt werden können.

Als Beispiel sehen Sie hier eine aus Formschaum gestaltete Armlehne:

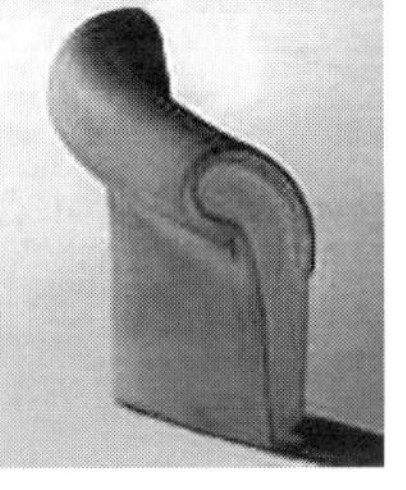

Wo kommt Schaumstoff her?

Vereinfacht gesagt ist er ein Produkt der Kunststoffchemie und der Ausgangsstoff ist hauptsächlich Erdöl. Es werden chemische Verbindungen gewonnen, die unter den Bezeichnungen Polyurethan, Polyethylen, Polyether usw. dem Möbelpublikum immer wieder um die Ohren rauschen. Hier ist nicht der Platz, um sich darüber näher auszulassen.

Eines ist aber auch dem chemischen Laien klar: Schäume sind nicht gleich Schäume.

Der Polstermöbelhersteller braucht schon das richtige Händchen, um auf dem Schaumstoffmarkt die für seine Kreationen optimalen Produkte zu finden. Denn damit prägt er entscheidend die Wertigkeit seiner Polstermöbel.

Neben der Zusammensetzung des Ausgangsmaterials hat das **Raumgewicht** des Schaums eine herausragende Bedeutung, also seine Dichte. Hierauf beruht das Rückstellvermögen. Das ist die Fähigkeit des Schaums, nach dem Niederdrücken sofort wieder in die Ausgangslage zurückzukehren.

Hier gibt die **Fingerprobe** einen gewissen Aufschluss.

Mit 2 gekrümmten Fingern, am besten mit Zeige- und Mittelfinger, drücken Sie die Oberfläche ca. 10 Sekunden kräftig ein. Dann lassen Sie ruckartig los.

Streichen Sie jetzt mit der Hand sanft über die Druckstelle, können Sie fühlen, ob eine - wenn auch leichte - Delle geblieben ist. Diese bildet sich zwar nach kurzer Zeit zurück, bei Qualitätsschaum entsteht sie aber erst gar nicht.

Natürlich gibt es professionelle Prüfverfahren mit besonderen Messgeräten. Sie simulieren unter anderem Dauerbelastungen, um über die Langlebigkeit etwas aussagen zu können (siehe auch Ziffer 2.6.2. zum Kaltschaum bei Matratzen).

Auf jeden Fall aber sollten Sie sich die Produktbeschreibungen des Herstellers zeigen lassen!

Bei einer qualitativ guten Polstergarnitur haben die verarbeiteten Schäume mindestens folgendes **Raumgewicht** (in kg/m^3):

Sitz und Sitzunterbau: 35 bis 38

Rücken und Rückenunterbau: 25 bis 28

Seitenteile und Armlehnen: 25 bis 30

Außer mit Formschaum haben wir es oft mit so genanntem **Blockschaum** zu tun.

Dieser offenporige Schaumstoff besteht aus mehreren Schaumplatten, die zuerst zugeschnitten und dann miteinander verbunden bzw. verklebt werden. Man verteilt sie entsprechend der Sitzform über das Gestell und befestigt sie daran.

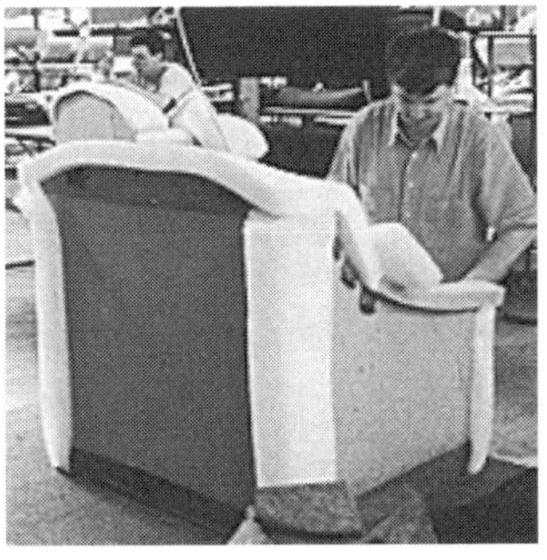

So sieht das Polstern mit Blockschaum aus. Die Qualität reicht an die Formschaumpolsterung aber nicht heran.

2.4.7. Die Polsterwatte

Watte wird hergestellt, indem man mehrere Schichten Vlies (Krempelvlies) übereinander legt und mechanisch, thermisch oder chemisch verfestigt bzw. verbindet.

Vlies ist ein Textilverbundstoff. Bezeichnungen wie Faservlies, Textilwattevlies, Wattevlies meinen ein und dasselbe Produkt.

Watte zum Polstern ist kräftiger und robuster als beispielsweise ein Wattebausch zum Abtupfen. Polsterwatte sollte atmungsaktiv sein. Die Faserqualität, Dichte und Flauschigkeit bestimmen die Verarbeitungseignung. Hier finden sich durchaus Unterschiede, was sich auch in den Preisen ausdrückt.

2.4.8. Die Rückenkonstruktion

Die Gurtverspannung im Polsterrücken sorgt für Elastizität und dennoch Formbeständigkeit.

Die Elastizität muss von Dauer sein. Man erreicht dies durch eine Verbindung von Textilfasern und Gummi.

Auch hier gibt es beträchtliche Qualitätsunterschiede, die sich leider unserer eigenen Beurteilung entziehen.

2.4.9. Variationen und Funktionen

Was ich bisher beschrieben habe und was oben am aufgeschnittenen Sofa als typisch zu erkennen ist, möchte ich als Standard bezeichnen: Die **Festpolstergarnitur**.

Standard bedeutet aber nicht langweiliges Einerlei. Zahlreiche Variationen sorgen für Abwechslung in der Konstruktion. So baut man **Gestellgarnituren**, bei denen ein Holzgestell mehr oder weniger sichtbar hervortritt (Armlehnen, Rückenteile, Chatousen, Füße usw.).

Ferner konstruiert man **Garnituren mit losen Sitz- und/oder Rückenkissen oder kombiniert fest/lose.**

Es stellt sich die Frage, wie die Qualität solcher Variationen getestet werden kann.

Grundsätzlich genau so wie bisher beschrieben. Die Kniffe und Tests führen auch bei variierten Polstermöbeln zum Erfolg.

In letzter Zeit bietet die Möbelindustrie aber zunehmend mehr als nur Standard mit Variationen. Man glaubt entdeckt zu haben, dass der Konsument heutzutage auf einer Couch nicht nur sitzen will. Er will sich hinlümmeln, zurücklehnen, den Kopf aufstützen, die Beine auflegen oder sonst wie relaxen. Ergonomie ist gefragt. Und Viele wollen Ihre Couch in ein komfortables Bett verwandeln.

Also baut man in die Polstermöbel **funktionelle Extras** ein, seien es mechanische oder elektrische Verstellmöglichkeiten. Vorgemacht hat das die Autoindustrie. Ich brauche Ihnen nicht zu erzählen, in welcher Vielfalt die Vordersitze eines Autos funktionieren können.

Auch bei den Möbeln erscheinen **Funktionspolster und Verwandlungsgarnituren** in zunehmender Zahl. Vorneweg die Fernsehsessel, die jegliche Körperstellung zulassen und manchmal sogar massieren können.

Es drängt sich natürlich die Frage nach der Qualität auf. Funktionieren die Funktionen immer zuverlässig?

Ich muss gestehen, dass ich auf diesem Gebiet leider nur einen einzigen Test anbieten kann:

Im Möbelhaus am Ausstellungsstück die einzelnen Funktionen wiederholt in Gang setzen. Also probieren und immer wieder probieren. Selbst auf die Gefahr hin, dass der Möbelhändler anfängt zu meckern.

2.5. Die Qualität der Bezugsmaterialien

Die Vielfalt der Polsterbezüge ist kaum überschaubar. Ich kann deshalb hier nur die wichtigsten aufzählen und kurz beschreiben.

2.5.1. Der Bereich Textilbezüge

Einordnung nach Rohmaterialien

Wolle ist das Haar des Schafes (kann aber auch aus einem Gemisch von Schaf- und anderen Tierhaaren bestehen), das zu Garn versponnen wird.

Die reine Wolle ist elastisch, langlebig, atmungsaktiv und körperfreundlich. Sie hat einen angenehmen Griff und eine schöne Optik (Naturlook).

Mohair ist der Stoff aus den Haaren der Angoraziege. Er weist gute Abriebfestigkeit, Langlebigkeit, Körperfreundlichkeit und Verschmutzungsunempfindlichkeit auf.

Möbelbrokat ist ein kostbares, meist mit Gold- oder Silberfäden durchwirktes Seidengewebe.

Baumwolle ist ein Malvengewächs mit großen Blättern, gelben Blüten und walnussgroßen Kapselfrüchten, dessen Samenfäden zu Baumwollgarn versponnen werden.

Diese Naturfaser hat einen sehr angenehmen Griff, ist strapazierfähig und atmungsaktiv.

Acryl- und Mikrofasern sind Kunstfasern aus hochmolekularen chemischen Substanzen (Polymere). Sie sind abriebfest, pflegeleicht, mottensicher, filzfrei, glänzend, reib- und nassecht und haben einen weichen und warmen Griff.

Einordnung nach Oberflächen

Flachgewebe ist ein Stoff mit geschlossener, glatter Oberfläche ohne Flor. Dazu zählen z.B. Gobelin, Möbelrips, Piqué, Möbeltweed, Kanvas.

Epinglé ist ein Stoff, der nur Schlingen als Pol (Faserende) hat.

Florgewebevelours ist ein Gewebe mit aufrecht stehenden Faserenden, d.h. offenen Polen. Dazu zählen u. a. Möbelkord und Antikvelours.

Frisé ist ein Stoff, der sowohl Schlingen als auch offenen Pol (Velours) aufweist.

Antikvelours ist ein Unistoff, der strichförmig verlaufende Florverlegungen hat. Die Rückseite zeigt Flammschüsse.

Spiegelvelours weist neben den Velours flach gewebte, florale Muster (Spiegel) auf. Der Stoff wird meistens bei schweren, massiven Sichtholz-Gestellgarnituren verwendet.

Chenille-Möbelstoff ist ein Flachgewebe mit Veloursoptik. Chenille selbst ist ein Garn, dessen Fasern in dichten Büscheln seitlich vom Faden abstehen. Der Flor hat keine Strichlage.

Möbelkord ist ein strapazierfähiges, geripptes, meist unifarbenes Baumwollgewebe.

Chintz ist ein durch Oberflächenbehandlung veredelter, glänzender Baumwollstoff.

Samt ist ein feines Gewebe, meist aus Baumwolle mit seidenweicher, pelzartiger Oberfläche von kurzem, dichtem Flor.

Steppgewebe sind mehrschichtige, dicke, strapazierfähige Möbelstoffe mit reliefartigen Polstereffekten auf der Oberfläche, z.B. Matelasse und Piqué.

Stiljacquard enthält großrapportige, florale und medaillonartige Musterbilder, die bei Stilmöbeln verarbeitet werden.

Zurzeit beherrschen die **Mikrofasern** das Angebot. Deshalb erscheint es angebracht, hier etwas genauer hinzuschauen.

Gehen wir einmal von einem Ihnen sicher besser bekannten Beispiel aus:

Wenn Sie wissen wollen, aus welchen Fasern der Stoff eines Ihrer Kleidungsstücke besteht, suchen Sie nach dem eingenähten Etikett. Hier finden Sie z.B. die Angaben:

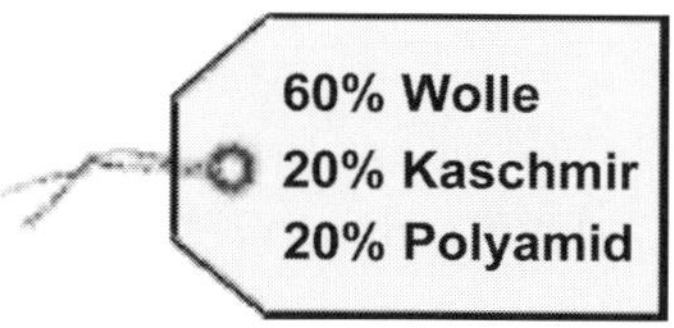

Zur Erläuterung: Polyamidfasern sind unter den Handelsnamen Nylon® und Perlon® bekannt.

Bei Möbelstoffen suchen Sie ein solches Etikett vergebens.

Diesbezügliche Angaben enthalten aber oft die Stoffmuster in den Verkaufsunterlagen der Möbelhändler. Sie lesen hier als Faserbezeichnungen z.B. Polyacryl, Polyester, Polyethylen (PE), Polypropylen (PP).

In der Textilbranche wurde Polyacryl unter den Namen Dralon®, Orlon®, Dolan®, Redon® etc. in den Handel gebracht. Polyester hat die Handelsnamen Diolen®, Trevira®, Vestan® etc. erhalten.

In der Möbelbranche werden ebenfalls Handelsnamen für Mikrofaserbezüge kreiert.

Oft handelt es sich dabei um einen Materialmix aus Kunstfasern bestimmter Polymere und Naturfasern wie Baumwolle und Wolle. Beispielhaft seien erwähnt Gepanova® von Gepade, Delbrück, und „Harmony“ von W. Schillig, Ebersdorf-Frohnlach.

Die Qualität der Polsterbezüge erhöht sich, wenn sie in der Endbearbeitung (Finish) zum Schutz vor Verschmutzung (fettiger und wässriger Schmutz) besonders behandelt werden.

Solchen Faserschutz bieten unter anderem die Verfahren **Scotchgard®, Antron® und Teflon®.**

Scotchgard

DUPONT
ANTRON

Lassen Sie sich bei den Beratungsgesprächen in den Möbelhäusern die Kataloge und Stoffkollektionen zeigen und blättern Sie ungeniert darin.

Die Unterlagen müssen **Angaben zur Stoffzusammensetzung und zu den Stoffeigenschaften** enthalten. Fehlen solche, handelt es sich meist um einen minderwertigen Stoff.

Außerdem vermittelt Ihnen das Hineingreifen in die handliche Stoffprobe ein besseres Gefühl, als sie es beim Hineingreifen in die Polstergarnitur erhalten können. Ferner sehen Sie die Rückseite, die auch einen Eindruck von der Qualität bietet.

Achten Sie auf die Signets für Schadstofffreiheit und auf **Markenzeichen** wie Scotchgard ®, Antron ® und Teflon®.

Polstermöbelstoffe müssen einer hohen Beanspruchung gerecht werden. Hierzu gibt es anerkannte, objektive Prüfverfahren für die **Scheuerbeständigkeit** und die **Pillingneigung (Fusselbildung)**.

Geprüft wird mit speziell entwickelten Geräten, die eine Reibung auf der Stoffoberfläche erzeugen. Die Reibbewegungen können mehr oder weniger schnell sein; das sind dann die jeweils eingestellten Scheuertouren.

Es wurden diesbezügliche DIN-Vorschriften erarbeitet, die allerdings nur Mindestanforderungen darstellen:

1. Scheuerbeständigkeit

Bei **Flachgeweben** dürfen nach 4.000 Scheuertouren maximal 3 Fäden zerstört sein. Ausnahme: Bei feinfädigen Stoffen dürfen mehr als 3 Fäden zerstört sein.

Die Voraussetzung hierfür ist aber, dass die zerstörten Fäden mit normalsichtigem Auge aus einer deutlichen Sehweite von ca. 30 cm Entfernung nicht als Oberseitenveränderung erkennbar sein dürfen.

Bei **Polgeweben** darf nach 10.000 Scheuertouren kein Noppenverlust entstanden sein, der von der Oberseite her sichtbar ist.

Nach 20.000 Scheuertouren darf die Polschicht bis zum Grundgewebe abgescheuert sein (so genanntes Kahlscheuern), ohne dass das Grundgewebe verletzt ist.

2. Pillingneigung

Hier wird mit 2.000 bis 4.000 Scheuertouren gearbeitet. Anschließend wird die Fusselbildung optisch beurteilt, wobei eine festgelegte Notenskala von 1 bis 5 herangezogen wird.

Note 5 bedeutet kein Pilling, Note 1 eine sehr starke Pillingbildung.

Die Pillingprüfung umfasst gleichzeitig

- das Berstverhalten
- die Weiterreißfestigkeit
- die Lichtechtheit
- die Reibechtheit
- die Wasserfleckenempfindlichkeit

Weil es diese effektiven Prüfmethoden gibt, könnten Sie sich leicht in Sicherheit wiegen, dass alle Stoffbezüge auf Polstermöbeln bestens halten - also auch bei derjenigen Garnitur, die Sie gerade erstehen wollen.

Die Erfahrungen vieler Käufer sprechen allerdings dagegen.

Sehr oft hört man die Klage, dass die Stoffqualität der neu beschafften Garnitur vom Verkäufer zwar in den höchsten Tönen gepriesen wurde...

... aber der Stoff schon nach kurzer Zeit an den häufig benutzten Stellen abgewetzt war!

Und man hatte auch noch viel Geld für die Polstergarnitur bezahlt!

Fragen Sie immer nach, ob eine **Prüfung der Scheuerbeständigkeit und der Pillingneigung** stattgefunden hat. Lassen Sie sich die Prüfergebnisse zeigen.

Falls der Möbelhändler Ihnen derartiges nicht vorweisen kann oder will, ist Vorsicht geboten!

Das weite Feld der Polsterbezüge aus Stoff wäre hiermit abgearbeitet. Doch bevor ich zu den Lederbezügen komme, möchte ich kurz auf **Alcantara®** zu sprechen kommen. Dieser Polsterbezug wird oft als Leder oder Kunstleder angesehen. Das ist falsch.

Bei Alcantara® - ein Produkt des gleichnamigen italienischen Unternehmens - handelt es sich um einen sehr fein gewebten High-Tech-Mikrofaserstoff auf der Grundlage der chemischen Substanzen Polyester und Polystyrol. Allerdings, wenn man in das Gewebe hineinfasst, hat man durchaus das Gefühl, es sei feines Veloursleder.

Der Vollständigkeit halber sei noch erwähnt: Kunstleder ist ebenfalls ein Mikrofaserprodukt.

2.5.2. Der Bereich Lederbezüge

Bei Polstermöbeln sollte ausschließlich Leder verarbeitet werden, das von Kälber-, Rinder- und Bullenhäuten stammt. Man unterscheidet im Einzelnen:

Nappaleder ist ein feines und vollnarbiges Leder mit besonders weichem Griff. Es ist meist chromgegerbt und durchgefärbt. Die Oberfläche kann glatt oder genarbt sein.

Naturbelassenes Nappaleder (Anilinleder) ist ein weiches, vollnarbiges und mit löslichen Farbstoffen durchgefärbtes Leder, dessen natürliche Oberflächenstruktur (Narbenbild) deutlich und vollständig zu erkennen ist. Die Haarporen sorgen für eine gute Wärme- und Feuchtigkeitsdiffusion.

Derartige Leder zeichnen sich durch einen besonders weichen, warmen und natürlichen Griff aus und sind äußerst hautsympathisch.

Leicht pigmentierte Nappaleder (Semi-Anilinleder) werden wie Anilinleder vorgefärbt. Die Oberfläche wird zusätzlich mit einer Kombination von Transparent- und Deckfärbung mit Pigmentfarbe behandelt. Das Narbenbild ist nicht verdeckt. Es ist pflegeleicht und atmungsaktiv.

Pigmentierte Nappaleder (gedeckte Leder) sind Leder minderer Qualität, die durch Pigmentfarben an der Oberfläche zugedeckt werden. Sie sind dadurch zwar recht pflegeleicht, jedoch weniger atmungsaktiv. Oft wird auf gedeckte Leder ein Narbenbild aufgeprägt.

Nubukleder wird aus dem wertvollen Narbenspalt der Rinderhaut gefertigt und narbenseitig samtweich geschliffen. Durch Prägung mit unterschiedlichen Optiken wird dieser Ledertyp häufig noch angereichert.

Veloursleder hat wie Nubukleder eine weich geschliffene Oberfläche. Der Schliff geht aber tiefer bis in untere Hautschichten, sodass kein Narbenbild bleibt.

Huntingleder wird aus dem Narbenspalt der Rinderhaut hergestellt, indem das Leder auf der Fleischseite geschliffen wird, und dessen Narbenseite in verarbeitetem Zustand die Rückseite bildet.

Antikleder weist einen Hell-Dunkel-Kontrast auf, ähnlich der Patina gealterter Leder.

Wenn die Leder - und das gilt besonders für Nubukleder - am Ende mit Scotchgard® oder mit einem ähnlichem Konservierungsverfahren bearbeitet werden, macht sie dies Schmutz abweisend und besonders pflegefreundlich (Scotchgard®-Finish, Longlife®-Leder). Dabei dürfen die typischen Eigenschaften der jeweiligen Lederarten aber nicht beeinträchtigt werden.

Lassen Sie sich immer eine **Lederprobe** zeigen und befühlen Sie diese.

Fordern Sie beim Kauf, dass man Ihnen ein kleines Lederstück aushändigt. So können Sie dann später überprüfen, ob auch das richtige Leder geliefert wurde.

Es gab nämlich tatsächlich schon Fälle, bei denen zwar ein hochwertiges Leder bestellt, aber ein minderwertiges geliefert wurde.

Außerdem sollten Sie darauf achten, dass die Leder schadstofffrei produziert wurden. Auf keinen Fall sollte bei der Lederverarbeitung PCP (Pentachlorphenol) eingesetzt worden sein.

Hierauf weist dieses Zeichen hin:

2.5.3. Preise „von – bis“

An dieser Stelle ist es angebracht, auf die enormen Preisspannen (siehe auch Ziffer 1.3.) bei Polsterbezügen hinzuweisen.

Nehmen wir als Beispiel eine Polstergarnitur in der Zusammenstellung 3er-Sofa, 2er-Sofa und Sessel (im Branchenjargon meist als 3-2-1 abgekürzt) mit Stoffbezug. Ein Hersteller gibt als empfohlenen Verkaufspreis (Listenpreis) vor:

Unterste Stoffgruppe	2.085,00 €
Höchste Stoffgruppe	3.306,00 €

Für die gleiche Garnitur mit Lederbezug empfiehlt er folgende Verkaufspreise:

Unterste Ledergruppe	3.133,00 €
Höchste Ledergruppe	4.301,00 €

Die großen Spannen mögen auf die Qualitätsunterschiede zurückzuführen sein - so will ich es einmal unterstellen Aber auf die Preisgestaltung komme ich ja noch (siehe Ziffer 3.).

> Als einfache Faustregel gilt: Ein hochwertiger Stoffbezug kann so teuer wie ein Lederbezug sein.

2.6. Die Qualität bei Matratzen und Wasserbetten

Fast jeden Morgen krabbeln Sie steif und wie zerschlagen aus dem Bett. Offensichtlich taugt die Matratze nichts. Sie haben viel Geld bezahlt und sich auch noch Rückenschmerzen eingehandelt.

„Das muss sich ändern!", sagen Sie und sind entschlossen, neue Matratzen zu kaufen, um endlich richtig zu liegen.

Doch was finden Sie in den Geschäften oder im Internet? Eine äußerst komplizierte Matratzenwelt. Je mehr Sie sich damit beschäftigen, desto unübersichtlicher wird es.

Ich werde den Knäuel entwirren. Sie werden sehen, wie Matratzen und andere Schlafstätten konstruiert sind. Sie werden in die Lage versetzt, die Qualität und den Schlafkomfort zu beurteilen. Und Sie werden erkennen, wie alles in die Preislandschaft passt.

2.6.1. Aufbau und Materialien bei Matratzen

Ich möchte mich auf 3 Konstruktionsarten konzentrieren, denn alles andere ist mehr oder weniger Variation.

Da ist zum Ersten die klassische Matratze mit **Bonellfederkern**.

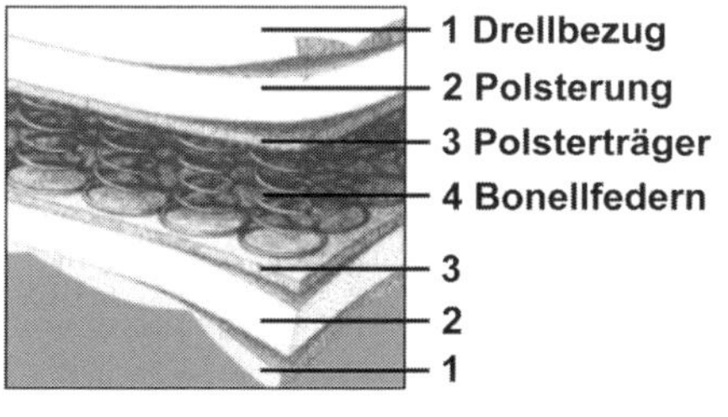

Hierbei sind nebeneinander liegende Taillenfedern aus Stahl von gleicher Größe mit Metallklammern oder Verbindungswendeln zu einer Matte verbunden und von einem Metallrahmen umgeben. Die gesamte Matratzenfläche ist gleich hart.

Über den **Härtegrad von Matratzen** werde ich unten noch einiges sagen (Ziffer 2.6.2.).

Die Polsterung ist meistens aus Schaumstoff, sei es Polyetherschaum u. ä. oder Polsterwatte. Wichtig ist, dass nur schadstofffreie Materialien (FCKW-frei) verarbeitet sind.

> Da kommt vielleicht die Frage auf: „Wie kann ich das beurteilen und wer garantiert mir das?“
>
> Wir selbst können leider nicht feststellen, ob eine Matratze für uns schädlich ist und müssen den Beschreibungen von Herstellern und Händlern vertrauen. Aber wir können beide auf ihre Angaben hin festnageln. Wie das zu machen ist, erläutere ich Ihnen später (Ziffer 10.)

Als Polsterträger werden häufig Pressflor aus Sisal, Jute, Kokos, Vlies, Filz oder auch Kunststofffasern oder Mischungen aus diesen Materialien verwendet.

Der gesteppte Bezug (Drell) besteht meistens aus Mischungen von Baumwolle, Schafwolle, Rosshaar und auch Kunstfasern.

Zum Zweiten betrachten wir die **Taschenfederkernmatratze**:

In der Abbildung sehen Sie einzelne Federn, die in Baumwolltaschen eingenäht sind. Sie sind nicht miteinander verbunden, so dass jede Feder für sich wirkt (Punktelastizität).

Je nach Gewicht der einzelnen Körperzone (Kopf, Schulter, Taille, Beckenbereich etc) sinkt der Körper ein oder wird tragend unterstützt. Die Wirbelsäule bleibt in ihrer natürlichen Lage und unbelastet.

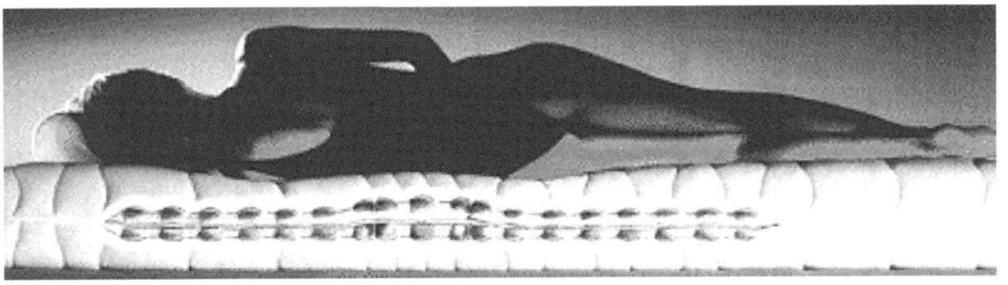

Der Unterschied zur Bonellfederkernmatratze liegt also in der perfekten Anpassung an die Körperform - so wünscht man sich das jedenfalls.

Als Drittes schließlich ist die **Schaumstoffmatratze** zu nennen:

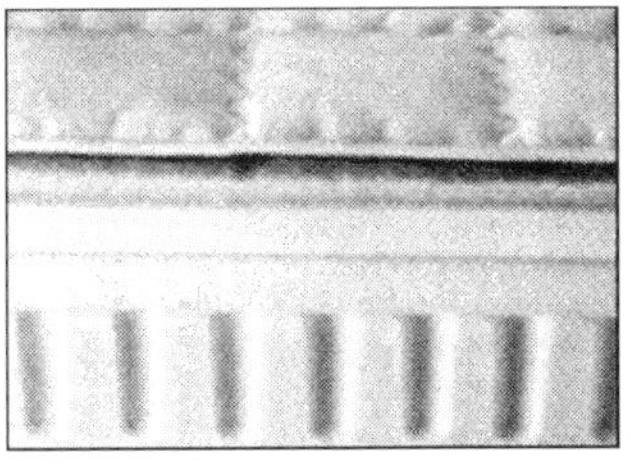

Sie besteht aus einem Schaumstoffkern, der mit weiteren Materialien ummantelt und in einen Drellbezug eingenäht wird.

Über Schaumstoff im Allgemeinen hatte ich bereits berichtet, als ich die Qualität bei Polstermöbeln beschrieb (Ziffer 2.4.6.). Bei Matratzen einigte sich die Industrie auf 2 Schaumstoffklassen: Standardschaum und Kaltschaum.

Egal welcher Schaum, von einer solchen Matratze erwartet man, dass sie sich den Körperformen punktuell anpasst. Das wiederum hängt vom Härtegrad, sprich Raumgewicht des Schaums ab. Dazu mehr unter Ziffer 2.6.2.

Weil ich beobachte, dass er zunehmend an Bedeutung gewinnt, möchte auf einen speziellen Schaumstoff besonders hinweisen: **Tempur®.**

Ich bezeichne das Material gerne als Weltraumschaum. Denn es war ursprünglich für die Weltraumfahrt entwickelt worden. Die NASA hatte es in Raumfahrzeuge gepackt, damit die Astronauten gut sitzen können und der Druck auf ihre Körper möglichst gering ist. Es wird beschrieben als ein viskoeleastisches, thermoaktives Material, das sich dem Körper vollständig anpasst.

Auch **Latexmatratzen** möchte ich hervorheben, da sie im Bewusstsein der Verbraucher eine besondere Rolle spielen. Das folgende Bild zeigt den Kern einer Latexmatratze:

Latex ist auch Schaum, allerdings ist seine Basis der Milchsaft bestimmter tropischer Pflanzen. Er ist also ein Naturprodukt.

Latex pur ist schwer und fest. Deshalb wird er meistens mit Schäumen aus der Kunststoffchemie aufgelockert. Es kommt also auf den richtigen Materialmix aus Natur und Retorte an, wenn man auf Latex gut schlafen will.

Über die Mischung kann uns nur der Produzent aufklären. Wir kaufen also keine Latexmatratze, ohne die Produktbeschreibung des Herstellers studiert zu haben.

2.6.2. Welche Matratze ist die richtige für mich?

Es spielt keine Rolle, wie eine Matratze konstruiert ist: Entscheidend ist die **Elastizität.** Sie bestimmt den Liegekomfort. Wer hierüber alles erfahren will, muss sich unzählige, oft unverständliche Produktbeschreibungen der Matratzenhersteller und auch die umfangreichen Testergebnisse von Prüfinstituten zu Gemüte führen. Das alles zusammen getragen ergäbe einen dicken Wälzer.

Man bombardiert Sie mit Begriffen wie:

> vergüteter Federkern, 5-Gang-Bonellfederkern, punktelastische Tonnentaschen, 7-Zonen-Luxustonnen-Taschen-federn, Endloslatex, Stiftlatex, unterschiedlich feste Kautschukeinsätze, Mehrzonentechnik, naturschwammähnliche Schaumstruktur, Hohlfaserverwendung für optimale Klimatisierung, Feinpolster aus reiner Schafschurwolle (Winterseite) und klimatisierender reiner Baumwolle (Sommerseite), spezial gereinigte Fasern für Hausstauballergiker

... genug, genug ...

Und dann die Sache mit dem **Härtegrad.** Er wird in Zahlen ausgedrückt und soll kennzeichnen, mit welchem Körpergewicht man sich auf welche Matratze legen soll. Hier ein Beispiel:

Sie meinen, das sei doch eine gute Hilfe zur Auswahl?

Das wäre vielleicht so, wenn die Bauteile, die den Härtegrad bestimmen, genormt wären. Aber sie sind es nicht. Nur wenige Matratzenhersteller richten sich nach den Vorgaben der LGA (Landesgewerbeanstalt Bayern, Nürnberg), wie es unser Beispiel zeigt.

Hinzu kommt, dass noch nicht einmal die Zahlenreihen einheitlich verwendet werden. Viele Hersteller beginnen mit dem Wert 2 als Maßzahl für größte Härte, bei einigen ist 2 aber die geringste Härte.

Nein, das alles stiftet mehr Verwirrung, als dass es Klarheit schafft. Ihre Frage

„Auf welcher Matratze liege ich am besten?“

wird damit nicht beantwortet.

Vielleicht nur instinktiv haben Sie die Frage aber richtig gestellt. Sie haben „ich“ gesagt, nicht „man“.

Auf welcher Matratze Sie am besten liegen, wissen nur Sie alleine. Das individuelle Liegegefühl ist kaum messbar.

Trotzdem bietet man Ihnen immer wieder an, ihr Liegegefühl messen zu lassen:

> Man bittet Sie, sich auf ein computergesteuertes Messbett zu legen und so zu tun, als sei es nachtschlafende Zeit. Mindestens eine Stunde lang! Der Computerausdruck präsentiert Ihnen dann die Messwerte über die Druckverteilung Ihres Körpers auf die Unterlage, über Gewichtsverlagerungen usw. Ihre geheimen Träume wurden hoffentlich nicht auch noch aufgezeichnet.
>
> Und wenn Sie dann die empfohlene Matratze samt Bettrahmen (Lattenrost) kaufen, erleben Sie vielleicht nach wenigen Nächten, dass Sie morgens mit steifem Rücken aufstehen - wenn nicht gar noch schlimmer. Viele haben mir solches berichtet.

Nein, für den individuellen Liegekomfort gibt es **leider kein Patentrezept.**

Oder würde Ihnen das helfen, was die oben bereits erwähnte Landesgewerbeanstalt Bayern außerdem noch herausgefunden hat?

	Federkern	Kaltschaum
Dickenverlust	4,3%	1,7%
Härteveränderung	7,2%	7,4%

Hierbei handelt es sich um die Ergebnisse einer Untersuchung über die Elastizität von Matratzen. Die Ingenieure und Techniker kennzeichneten die Elastizität durch 2 physikalische Merkmale (Indikatoren):

- Raumgewicht
- Härte

Dann belasteten sie die Testmatratzen wie im richtigen Leben. Ich beschreibe das einmal laienhaft vereinfacht so: Sie quetschen sie eine Zeit lang zusammen. Vor und nach der Prozedur wurde gemessen und die „Verluste“ in Prozent ausgedrückt. In den Testmatratzen war zum einen ein Bonellfederkern 2,4 mm und zum anderen der Schaumstoff Bultex B40160.

Was Sie als Matratzenkäufer davon halten sollen? Ich sage es Ihnen: Es ist Jacke wie Hose. Noch nicht einmal die Frage, welche Matratzenkonstruktion „besser“ ist (Federkern oder Schaumstoff), wird überzeugend beantwortet. Nur eines ist sicher:

Die Testergebnisse sind objektiv, weil physikalisch. Aber unser Komfortgefühl beim Liegen und Schlafen ist subjektiv und so nicht messbar.

Doch ich möchte Sie bei dieser wichtigen Frage nicht alleine lassen. Ich biete Ihnen **Faustregeln** an. Sie erhöhen Ihre Chance, die richtige Matratze zu wählen.

> Wer hart und gestreckt liegen will oder muss, sollte einen Bonellfederkern wählen.
>
> Wenn dieser dann noch kompakt gebaut ist (stärkerer Federstahl, verstärkte Federverbindungen, kräftiger Umbau und Drell), verteilt sich das Körpergewicht auf die Fläche, weil die vier wesentlichen Aufliegezonen - Kopf, Schultern, Gesäß, Beine - kaum einsinken.

„Also ist das eine Bandscheibenmatratze“, werden Sie sagen. Vergessen Sie es! Das ist nur ein Schlagwort zwecks Werbung. Der Bandscheibe soll schließlich jede Matratze gut tun.

> Wer seinen Körper in natürlicher, wohliger Lage festgehalten haben will, wird besten Schlaf auf Taschenfederkernmatratzen oder Schaumstoff- bzw. Latexmatratzen finden.

> Wer im Schlaf zum Schwitzen neigt, konzentriere sich auf Federkernmatratzen (Bonellfedern oder Taschenfedern).

> Wer mit Allergien zu kämpfen hat, sollte sich nach Latexmatratzen mit speziell präparierten Umbaumaterialien umsehen – außer er wäre allergisch gegen Latex. Das gibt es leider auch.

Übrigens: Milben müssen in Schaumstoffmatratzen hungern, denn sie finden 60% weniger Nahrung als in Federkernmatratzen.

> Machen Sie immer eine **Liegeprobe**. Dabei folgendes beachten:
>
> 1. Die Probematratze darf nicht in der Transportfolie verpackt sein und muss in einem Bett auf dem passenden Bettrost liegen.
>
> 2. Dicke Kleidung verfälscht das Liegegefühl, daher eventuell Mantel oder Jacke ausziehen.
>
> 3. Einige Minuten in verschiedenen Körperlagen verharren.
>
> Nur so gewinnen Sie einen - wenn auch schwachen - Eindruck vom Liegekomfort.

Die Liegeprobe bei Kindern bringt übrigens nicht viel. Kinder empfinden anders als wir Erwachsenen mit unseren gestressten Wirbelsäulen. Wenn die Kids „Ich liege prima!“ sagen, dann meinen sie nicht unbedingt das gleiche wie wir.

Schließlich muss ich noch etwas zu den Matratzenbezügen, dem **Drell** sagen. Ich will mich dabei auf die Frage beschränken, was es mit der so genannten **Sommer- und Winterseite** auf sich hat.

Im Sommer braucht man Kühle. Solch ein Kühlegefühl vermitteln Leinen, Baumwolle oder Rosshaar. Im Winter soll es schön warm sein. Das gelingt mit Schafschurwolle.

Also verwendet man diese unterschiedlich wirkenden Materialien für den Drell jeweils einer Matratzenseite. Die Matratze wird dann zu Beginn der kalten oder warmen Jahreszeit entsprechend umgedreht.

Man muss schon sensibel sein, um den Unterschied überhaupt zu bemerken - ich bin es nicht. Für mich macht das Wenden der Matratzen trotzdem Sinn: Es dient der Hygiene.

2.6.3. Bettrahmen (Lattenroste)

Die beste Matratze verliert ihren Liegekomfort, wenn der Unterbau nicht stimmt. Unterbau soll für uns der Lattenrost sein: Ein Rahmen aus Schichtholz mit einer bestimmten Anzahl von biegsamen Latten aus Federholz. Andere Unterbaukonstruktionen wollen wir hier vernachlässigen, um im Rahmen zu bleiben...

Für Taschenfederkernmatratzen ungeeignet wäre z.B. eine Lattenrostkonstruktion, bei der die Lattenabstände größer als 3 cm sind. Dann kann es nämlich passieren, dass die einzeln wirkenden Federn nicht mehr aufliegen und sich in die Zwischenräume klemmen. Der Federungseffekt wäre dahin.

Am einfachsten ist es darauf zu achten, dass die Zahl der Latten mindestens 28 beträgt. Nur wenn man Bonellfederkernmatratzen auflegt, können es weniger sein. Also:

> Für alle Matratzenarten am besten geeignet sind Lattenroste, bei denen der **Lattenabstand** nicht größer als 3 cm ist. Die Zahl der Latten beträgt dann 28.

Qualitätsmerkmale für Lattenroste sind die

- ✓ Stabilität des Federholzes
- ✓ Lagerungsart (Befestigungsart) der Latten.

> Die federnden Latten sollten aus **mindestens 7 Schichten** verleimten Holzes bestehen. Meistens kann man die Holzschichten an den Lattenkanten erkennen und nachzählen.

Die Latten sind in Laschen eingesteckt, die ihrerseits auf dem Rahmen aufliegend befestigt sind. Manchmal sind die Latten seitlich im Rahmen in mit Laschen ausgefütterten Befestigungshöhlen eingelassen.

eingelassen

aufliegend

Das **Laschenmaterial** (Kautschuk oder gummiartige Kunststoffe) sollte trotz hoher Festigkeitsanforderungen dauerhaft geschmeidig sein. Gleiten Sie leicht mit dem Daumennagel darüber. Das kann einen Eindruck von der Geschmeidigkeit vermitteln.

Alternativ dazu sind so genannte Systemrahmen auf dem Markt, bei denen die Latten durch handgroße, bewegliche Pads ersetzt sind. Das englische Wort Pad möchte ich hier mit Teller übersetzen. Manchmal sind diese Teller sogar noch mit flachen Bonellfedern unterlegt. Damit soll erreicht werden, dass sich auch der Bettrahmen - also nicht nur die Matratze - den Körperformen punktuell anpasst.

Aber Vorsicht! Systemrahmen mit Pads sind meistens nur für Spezialmatratzen mit Kern aus Schaumstoff geeignet. Deshalb auch die Bezeichnung System. Für Taschenfederkernmatratzen zum Beispiel sind die Zwischenräume oft (noch) zu groß. Die einzelne Taschenfeder kann sich hindurchdrücken.

Dann sind da noch die berühmten **Motorrahmen**.

Nur etwas für gebrechliche, behinderte Leute, sagen Sie? Beileibe nicht! Auch Kerngesunde und Quicklebendige dürfen - wenn sie es wollen - den Komfort genießen.

Komfortabel sind Motorrahmen deshalb, weil man während des Liegens ohne Anstrengung mit Knopfdruck stufenlos die Beine höher legen und Kopf und Oberkörper aufrichten kann: Relaxed wie auf einer Gesundheitsliege. Aber bitte:

> Achten Sie darauf, dass bei **Motorrahmen** Kopf- und Fußteil unabhängig voneinander steuerbar sind, am besten mit 2 Motoren. Zudem muss das Kopfteil bis zur Sitzposition aufstellbar sein.

Nur dann können Sie diesen Ratgeber bequem im Bett lesen.

An dieser Stelle möchte ich etwas über **Matratzenschoner** sagen. Bekanntlich ist das eine Matte, die auf den Bettrahmen gelegt wird, um die Matratze davor zu schützen, durch die meist harten Materialien des Unterbaus beschädigt zu werden. Die Sache ist nicht zwingend. Manche Leute verwenden solche Matten, viele nicht.

Jetzt haben kluge Köpfe herausgefunden, dass eine spezielle Matte nicht nur die Matratze, sondern auch den Schläfer schützen kann: **Vor schädlichen Erdstrahlen.** Erdstrahlung gäbe es immer da, wo Wasseradern im Erdreich verlaufen. Und das sei fast überall. Eine Matte aus ganz bestimmten Materialien lasse diese Strahlen nicht durch. Auch diese Sache ist für mich nicht zwingend. Wer will, kann diese Spezialmatte ja verwenden...

2.6.4. Die Liegefläche

Spätestens jetzt sollte ich auf die Größe (Liegefläche) von Matratzen und Rahmen zu sprechen kommen. Sich im Bett eng aneinander kuscheln – so schön das ist, es dauert leider nicht ewig. Und kuscheln können Sie auch auf einer großen Fläche. Aber dann kommt die Entspannung, die Bequemlichkeit.

Auf jeden Fall bequem ist die **Matratzenbreite** von 100 cm, beim Doppelbett also 200 cm. Die 90er Breite ist zwar auch ein Standardmaß, aber ich empfehle sie nur, wenn das Schlafzimmer kein breiteres Maß zulässt.

Einzelschläfer lieben oft die einteiligen Matratzen in den Breiten 120 cm, 140 cm oder gar 160 cm. Da können aber nach längerem Gebrauch Probleme aufkommen. Sie haben sicher schon mal von der berühmten Matratzenkuhle gehört.

Zur **Matratzenlänge** nenne ich eine Faustregel: Körpergröße plus 20 cm. Ein kleiner Riese von Einsneunzig braucht demnach bereits 210 cm. Matratzen und Bettrahmen, die länger als 200 cm sind, gelten aber schon als Sondergrößen. Das kostet. Also gibt es wieder was zum Merken:

> Die Liegefläche je Person sollte möglichst 100 cm breit sein. Für die Länge gilt: Körpergröße plus 20 cm. Standardlängen sind aber leider nur 190 cm und 200 cm.

2.6.5. Polsterbetten und Boxspringbetten

Vielleicht liegt Ihnen schon lange die Frage auf der Zunge, worauf ich, der so viel vom Liegekomfort redet, denn schlafe.

> In unserem Bett liegen die Taschenfederkernmatratzen „Classic“ des mittelständischen Herstellers Gefi in Bammental bei Heidelberg. Der brüstet sich damit, dass er teilweise noch handwerkliche Arbeit in seine Produkte steckt. Mit 10 Jahren Garantie auf den Federkern. Ich brauchte sie bisher nicht in Anspruch zu nehmen. In ein paar Wochen ist die Garantiezeit abgelaufen.

Wir schlafen in einem Polsterbett, einem französischen Bett. Nein, ein echtes französisches Bett ist es nicht. Das hätte unter anderem eine einteilige Matratze von 150 cm Breite. Unser Polsterbett ist mit 2 Matratzen in den Maßen 100 x 200 cm ausgestattet.

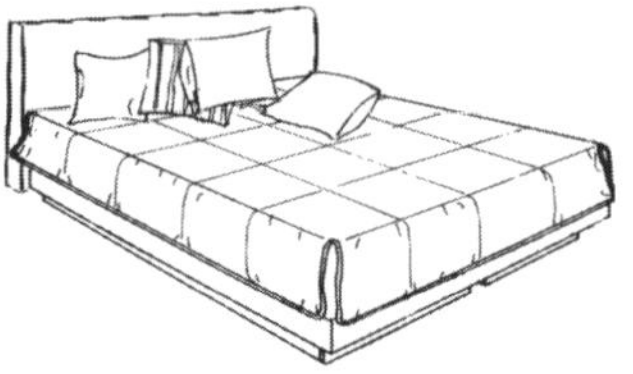

Unter dem Gesichtspunkt der Qualität bergen Polsterbetten dann eine problematische Besonderheit, wenn die Matratze fest mit dem Unterbau (Lattenrost) verbunden ist. So etwas findet sich oft in den Mitnahmemärkten für „Junges Wohnen".

Ist bei einem fest gepolsterten Polsterbett die Matratze irgendwie defekt, können Sie das ganze Bett wegwerfen, selbst wenn der Unterbau (Bettkasten) noch in Ordnung sein sollte. Glauben Sie mir: Es lohnt sich auf keinen Fall, die Matratzenkonstruktion aus dem Unterbau herauszuschrauben. Sie werden keinen Händler finden, der Ihnen dafür Ersatz liefert. Sollte es wider Erwarten doch einen geben, würde das mehr kosten als ein neues Bett.

Bei **Polsterbetten mit lose aufliegenden Matratzen** ist das anders. Wie bei einem normalen Bettgestell können Sie hier alle möglichen Matratzen hineinlegen und herausnehmen, wann und so oft Sie wollen. Insofern also keine Besonderheit.

Bei einem Matratzentausch müssen Sie aber bedenken, dass der Lattenrost meistens mit einem Springauf-Beschlag versehen und fest mit dem Unterbaukorpus verbunden ist. Das ist erforderlich, um den Raum unter den Matratzen/Rahmen als Bettkasten (Stauraum) nutzen zu können. Gerade das ist nämlich der Vorteil von Polsterbetten.

Wollen Sie beispielsweise in ein paar Jahren die vorhandenen Bonellfederkernmatratzen durch Taschenfederkernmatratzen ersetzen, könnte der Abstand der Latten zu groß sein (siehe Ziffer 2.6.3.).

Achten Sie deshalb beim Kauf eines Polsterbettes auf den Bettrahmen. Der Lattenabstand sollte auch hier höchstens 3 cm betragen.

Wenn Sie jetzt auf die Idee kommen sollten, auch den Lattenrost gegen einen solchen mit richtigem Lattenabstand auszutauschen, stehen Sie vor den gleichen Problemen wie bei fest gepolsterten Betten. Sie finden kaum einen Lieferanten.

Mit etwas Heimwerkergeschick können Sie das Problem zwar selbst lösen: Sie schrauben den Springauf-Lattenrost heraus und bringen an den Seitenwänden des Bettes Auflageleisten an. Dann können Sie normale Bettrahmen hineinlegen. Aber wer will diese Mühe schon auf sich nehmen? Außerdem ist der Bettkasten quasi futsch.

Den Springauf-Lattenrost aus dem Polsterbett zu entfernen, macht in einem ganz anderem Zusammenhang durchaus Sinn: Es macht den Weg frei, das Polsterbett in ein Wasserbett zu verwandeln. Doch zu den Wasserbetten komme ich gleich.

Zuvor möchte ich noch auf ein spezielles Polsterbett aufmerksam machen: Das **Boxspringbett**. War eine solche Schlafstätte vor einigen Jahren nur in Hotels in den USA und in Schweden zu finden, so hat das Boxspringsystem inzwischen auch die privaten Schlafzimmer in Deutschland erobert.

Der außerordentliche Liegekomfort des Boxspringsystems entsteht durch die Doppelfederung. Es wirken - vereinfacht gesagt - 2 gestapelte Matratzen von hoher Qualität zusammen. Die untere Matratze, Boxspring-Unterfederung genannt, ist mindestens 20 cm dick und mit einem Bonellfederkern, manchmal sogar mit Taschenfedern ausgestattet. Die aufliegende Matratze kann alles sein: Jede Art von Federkernmatratze oder von Schaumstoffmatratze.

Meistens wird noch ein Topper, also eine dünne Auflage, die in der Regel aus Schaumstoff besteht, ergänzt. Er soll den Liegekomfort zusätzlich erhöhen und einen Matratzenschutz darstellen. Der mehrschichtige Aufbau sorgt bei den Boxspringbetten zudem für eine praktische Sitz- und Liegehöhe, die das Aufstehen erleichtert.

Bei der ganzen Konstruktion kommt es natürlich darauf an, dass die Härten von Ober- und Untermatratze optimal aufeinander abgestimmt sind. Das zu erreichen, ist die Kunst des jeweiligen Herstellers.

2.6.6. Wasserbetten

Man hat ja schon viel gehört von Wasserbetten. Vielleicht wollen auch Sie sich eines beschaffen und wissen nicht so recht, wie Sie diese Schlafunterlage beurteilen sollen.

Alles, was ich Ihnen bisher über die Vielfalt der Matratzen und Bettrahmen gesagt habe, verdichtet sich beim Wasserbett zumindest für die Hersteller zu einem Kredo. Ihr Glaubensbekenntnis hört sich toll an:

Schlaferlebnis - tief und gesund

Beim Liegen drücken bekanntlich die einzelnen Körperzonen mit unterschiedlichen Gewichten auf die Unterlage. Wenn von dort unangemessener Gegendruck kommt (zu hart oder zu weich), spüren Sie es bald unangenehm in Knochen und Gelenken, wie Brustkasten, Schulterblatt, Ellenbogen, Wirbelsäule, Hüftknochen, Fußgelenken und Fersen. Unruhe, Kribbeln in den Gliedmaßen, vielleicht sogar Schmerzen ... ach, was soll ich da noch weiterreden. Sie kennen das.

Das Wasserbett, wenn es richtig gefüllt ist, passt sich optimal dem Körper an. Druck und Gegendruck gleichen sich aus. Sie spüren nichts, auch nicht, wenn Sie den ganzen Sonntag im Bett bleiben.

Man sagt, dass Schwangere sogar bis zuletzt auf dem Bauch liegen können.

Körpergefühl - warm und hygienisch

Beim herkömmlichen Bett muss Ihr Körper zunächst einmal Wärme abgeben. Erst nach einiger Zeit wird sie dann in der Körperumgebung gehalten. Bei Wasserbetten wird Ihnen von Anfang an Wärme gegeben. So viel wie Sie wollen, meistens zwischen 26 und 30 °C.

Sicherlich legen Sie sich nicht ungewaschen ins Bett. Aber auch pieksauber sondern Sie Körperfeuchtigkeit ab (Transpiration). Es heißt, dass man nach 6 Jahren 1.000 Liter Schwitzfeuchte produziert hat.

Wo bleibt die Flüssigkeit? Beim Wasserbett transportiert die aufsteigende Wärme sie nach oben. Unten bleibt alles hygienisch. Außerdem lässt sich die Unterlage einschließlich textiler Auflagen leicht reinigen.

Konstruktionsmerkmale

Zur Konstruktion von Wasserbetten möchte ich Ihnen nur Stichworte liefern. Mehr geht nicht, weil diese Abhandlung sonst sehr schnell ausufern würde.

- **Rahmen** ... sichert rundum die Form der Wassermatratze.
- **Heizsystem** ... sorgt mittels Temperaturfühler für die richtige Temperatur des Wassers.
- **Sicherheitsfolie** ... fängt bei Beschädigung - behüte uns wer davor - das Wasser auf.
- **Hardside** ... harte Rahmenkonstruktion, die den ca. 20 cm dicken Wasserkern hält.
- **Softside** ... weiche Polsterrahmenkonstruktion zum bequemen Sitzen auf dem Rand und leichtem Ein- und Aussteigen.
- **Duales System** ... getrennte Matratzen, getrennte Heizsysteme.
- **Dämpfung** ... Vlieseinlagen verhindern die Nachbewegungen (das Schaukeln).

Nachträglicher Einbau einer Wassermatratze

Wie ich schon erwähnte: Auch Ihr bisheriges, konventionelles Bett oder Polsterbett kann auf Wasserbett ungerüstet werden.

Folgende Elemente werden in das ausgeschlachtete Bettgestell eingefügt (von unten nach oben):

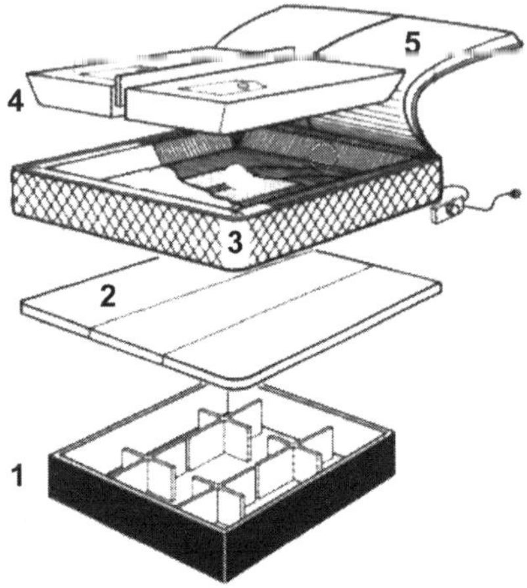

1 = Sockelkonstruktion

2 = Bodenplatte

3 = Sicherheitswanne mit Heizung und Temperaturregler

4 = Wassermatratze

5 = Abdeckung

Sie sollten unbedingt darauf achten, dass die Seitenteile sowie Kopf- und Fußteile des vorhandenen Bettgestells mit der eingefügten Wassermatratzenkonstruktion fest verbunden werden. Am besten geschieht das mit der Bodenplatte.

Nach all dem ahnen Sie schon, dass beim Wasserbett die Qualität eine besonders heiße Frage ist. Man ist leicht überfordert.

Wenn es um die elektrische und mechanische Sicherheit geht, wird man sich auf Prüfzertifikate verlassen müssen:

L G A Nürnberg GS geprüfte Sicherheit

VDE

> Sehen Sie sich die einzelnen Konstruktionsteile des Wasserbettes genau an. Auch ein laienhafter Blick kann eventuelle Schwachstellen entdecken. Legen Sie sich auf das Bett und wälzen Sie sich herum. Auch das kann Ihnen einiges offenbaren. Achten Sie darauf, dass die Modelle geprüft wurden. Dafür stehen die Zeichen „GS“ und „VDE“.

2.6.7. Futon

Unser Rundgang durch die Matratzenwelt wäre unvollständig, wenn wir nicht bei den Futons, den Matratzen à la japonaise, kurz Halt machen würden.

Für den Japaner bedeutet das Wort Futon einfach Bettzeug.

Futons als traditionell einteilige, aufrollbare Schlafmatten sind aus reinen, atmungsaktiven, wärmenden Naturfasereinlagen, hauptsächlich Schafschurwolle, dann Baumwolle, Rosshaar, Kokosfasern und Naturlatex gearbeitet.

Nehmen wir zu Gemüte, was die „Futon-Jünger" dazu sagen:

> Schafschurwolle ist äußerst sprungelastisch und hat ein außergewöhnliches Selbstreinigungsvermögen. Säuren und Salze, die mit dem Körperschweiß auch in die Stepplagen gelangen, werden absorbiert, gebunden und dabei sogar vollständig neutralisiert.

Sauber, sauber ... nicht wahr?

Das auch Inletvlies genannte Material wird kardiert und vernadelt, d.h. die einzelnen Materiallagen werden so geschichtet, dass sie sich miteinander verbinden und ein festes Gewebe bilden. Schließlich wird alles in ein festes 100%-Baumwolltuch eingenäht.

Unterschiedliche Materialien für Sommer- und Winterseite gibt es nicht. Da Baumwolle jedoch relativ kühl ist und sich flachlegt, wird für die Hülle oft auch Schurwolle verwendet. Das soll temperaturausgleichend wirken.

Für uns Europäer werden die Futons heute üppiger proportioniert und gesteppt als dies in Japan geschieht:

- Mehr Baumwollfasern - das schafft die Elastizität
- Mehr Einlagen aus Schaumstoff, Latex oder Kokos - das ermöglicht verschiedene Härten

Und wer gegen synthetisches Gewebe allergisch ist, hat mit der 100%-Baumwolle allergiefreie Ruhe.

Das Schlafen auf Futon ist - wie bei Wasserbetten - fast schon Philosophie:

> Hart oder weich verliert hier seine Bedeutung. Der Körper sinkt nicht ein, man liegt aufgehoben, wohlig und erdenschwer, spürt seine natürliche Kraft, wird klar und gesammelt. Man findet zu sich selbst.

So jedenfalls sehen das die Futon-Jünger. Doch auch Futons brauchen Pflege, wenn die Philosophie lange währen soll.

Der Futon sollte am besten täglich aufgerollt werden. Das lockert das Inlett und lüftet aus. Die Vliesfüllung verhärtet nicht.

Sie werden jetzt fragen: „Wo liegt denn nun der Futon? Auf dem Boden?“

In Japan schon, doch bei uns hat man das nicht so gerne.

Der Möbelhandel bietet flache Bettgestelle an, auf die dann ein so genannter **Rollrost** aufgelegt ist. Rollroste haben keine Rahmen. Die Latten sind meist mit strapazierfähigen Textilgurten verbunden.

Auf solch einer Bettkonstruktion also liegt unser Futon. Ob wir ihn dann wohl samt Rollrost aufrollen und im Schrank deponieren?

Das wäre sinnlos, denn der Bettgestelltorso steht ja noch da.

Wenn ich also Single wäre und in einem kleinen Appartement lebte, dann würde ich den Futon auf dem Boden legen.

2.6.8. Matratzen/Rahmen/Betten und die Preise

Und nun zur Preislandschaft.

Der Matratzenhersteller braucht schon das richtige Händchen, um die für seine Kreationen optimalen Ausgangsprodukte zu finden. Die Qualität dieser Materialien, ja ich möchte sagen deren Raffinesse, haben gute Matratzen teuer werden lassen.

Gute **Bonellfederkernmatratzen** kosten 200,00 € aufwärts.

Die Matratzen mit **Taschenfedern** oder **Latexkern** werden für 400,00 € und mehr angeboten. Sie können aber auch so um die 1.000,00 € kosten. Die Preise für **Tempur®-Matratzen** fangen hier erst an.

Billige Matratzen taugen meistens auch nichts. Solch einen Spruch lasse ich sonst nicht gelten - hier ausnahmsweise doch. Ich konnte es selbst beobachten.

> Es war vor etwa 30 Jahren. Damals fürchteten die Hersteller der Bonellfederkerne durch Schaumstoff bzw. Latex vom Matratzenmarkt verdrängt zu werden. Die Verbraucher fanden immer mehr Gefallen daran, wenn sich ihre Matratze beim Drauflegen den Körperformen punktuell anpasste.
>
> Bonellfederkerne konnten das nicht. So wurde die Taschenfeder erfunden. Tatsächlich trat sie einen Siegeszug an.
>
> Taschenfederkernmatratzen kosteten damals wie heute genau so viel wie Latexmatratzen. Einige Hersteller/Händler übten sich in „Preisverhau“. Taschenfederkernmatratzen um die 150,00 € erschienen auf dem Markt.

Wie war dieser Preis möglich?

Ein Hersteller gestand es mir freimütig ein: „Ich habe Qualität aus dem Produkt herausgenommen." Eine feine Umschreibung für Schund. Das ist bis heute so geblieben.

Beachten Sie bitte: Die genannten Preise gelten für die Standardmaße 100 x 200 cm, 90 x 200 cm und 90 x 190 cm. Bei Sondermaßen steigt der Preis.

Für **Bettrahmen (Lattenroste)** verlangen die Händler 100,00 € und mehr.

Der Preis für gute **Motorrahmen** liegt bei mindestens 750,00 €.

Die Preise für **Polsterbetten** sind ein weites Feld. Es können wenige Hundert Euro sein, aber auch mehrere Tausend.

Bei **Boxspringbetten** fängt es bei 2.500,00 € an.

Für gute **Wasserbetten** soll man so um die 4.000,00 € hinblättern.

Nachträglich in vorhandene konventionelle Bettgestelle eingebaute **Wassermatratzen** kosten etwa 2.000,00 €.

Einzelne **Futons** sind bei den Möblern so um die 250,00 € ausgezeichnet. Für **komplette Futonbetten** wollen sie etwa 300,00 € haben.

2.7. Die Qualität bei Kastenmöbeln

Kastenmöbel ist ein Oberbegriff für Möbel, die vorwiegend aus Holz und Holzwerkstoffen gefertigt sind. Kunststoffe können allerdings auch dabei sein.

Man ordnet hier alle Arten von Schränken (Kasten) ein, also z.B.

- Kleiderschränke
- Wohnwände in Kompaktbau- oder Anbauweise
- Buffets
- Vitrinen
- Sideboards
- Sekretäre.

Auch die **Einbauküchen** zähle ich zu den Kastenmöbeln, soweit es sich um die Schrankteile handelt (Unter-, Hänge- und Hochschränke). Den Küchenkauf in all seinen Facetten (Planung, Qualität, Preise, Kaufvertragsgestaltung usw.) darzustellen, erfordert ein eigenes Buch.

Wir haben es geschrieben. Den Ratgeber „**Clever Küchen kaufen**" können Sie auf unserer Website www.cleverkuechenkaufen.de erstehen.

Alles in allem ist die Aufzählung oben natürlich nicht vollständig. Aber Sie ahnen, was wir unter die Qualitätslupe nehmen werden, nämlich

- ✓ Holz
- ✓ Holzwerkstoffe
- ✓ Kunststoffoberflächen

und wie gut oder wie schlecht die Materialien zu Kastenmöbeln zusammengebaut wurden.

2.7.1. Echtholz: Massiv oder furniert?

Der Händler bezeichnet die Hölzer seiner ausgestellten Möbel vielfältig und vor allem nicht immer eindeutig. Hierzu wieder ein Beispiel. Auf einem Preisschild lesen Sie:

Sie meinen, es handelt sich um **massives** Kirschbaumholz? Ich sage Ihnen: Kann sein, kann aber auch nicht sein.

Zwar gibt es DIN-Normen. Danach ist

- ✓ **echt** ... wenn alle sichtbaren Teile des Möbels aus der angegebenen Holzart bestehen (**massiv oder furniert**),
- ✓ **massiv** ...wenn alle Teile des Möbels massiv (das ist durch und durch) aus der bezeichneten Holzart produziert und nicht furniert sind. Ausnahmen sind Schubladenböden und Rückwände,
- ✓ **Furnier** ...wenn alle sichtbaren Teile bzw. Flächen aus der genannten Holzart furniert sind. Die massiven Teile dürfen dagegen auch aus einer anderen Holzart sein.

Der Wohnzimmerschrank wäre also aus Echtholz gebaut. Aber ob massiv oder furniert, das lässt das Preisschild offen. Für den Möbler hat das seinen guten Grund:

Echt wird unterschwellig mit massiv gleichgesetzt. Die Angaben suggerieren einen tollen Kauf.

Für 2.498,00 € bekommen Sie aber keine Schrankwand in massiv Kirschbaum. Die kostet weit über 5.000,00 €. Oder es ist tatsächlich ein tolles Schnäppchen!

Wenn Furnier verarbeitet wurde, dann ist es **kein Schnäppchen, sondern ein völlig normales Angebot.**

Jetzt fragen Sie: „Wie finde ich denn heraus, ob ein Möbelstück massiv oder furniert ist?"

Der Möbelhändler müsste Ihre Frage wahrheitsgemäß beantworten. Darauf würde ich mich aber nicht verlassen! Ich zeige Ihnen, wie Sie es ganz leicht selbst herausfinden. Doch vorher noch eine kurze Erklärung zum Furnier.

Furnier ist ein dünnes Blatt aus Holz, das durch Schälen, Messern oder Sägen vom Baumstamm oder Stammteil abgetrennt wird. Das Furnier wird auf eine mehr oder weniger starke Spanplatte aufgetragen.

Die **Spanplatte** ist ein Holzwerkstoff, hergestellt durch Verpressen von wesentlich kleineren Teilen aus Holz und/oder anderen holzartigen Faserstoffen.

Das ist Furnier ...

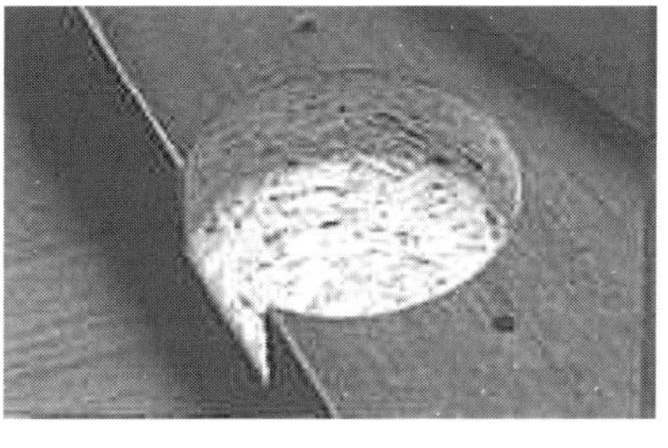

... dieses Massivholz

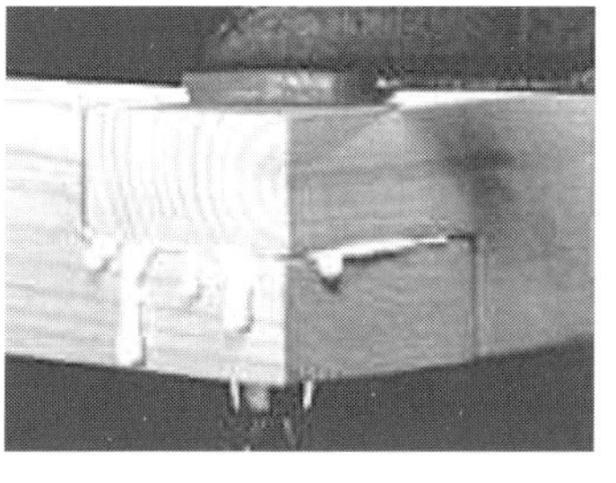

Um am fertigen Kastenmöbel, z.B. einer Schrankwand festzustellen, woraus sie gebaut ist, gehen Sie wie folgt vor:

> Schauen Sie sich die **Rückseite** der Schrankwand an. Ist das nicht möglich, befühlen Sie eine Seitenwand von hinten. Es gibt 2 Möglichkeiten:
>
> Falls es sich um **Furnier** handelt, bemerken Sie deutlich die rauere Oberfläche der Spanplatte. Ist auch diese glatt, kann eine Folie zur Tarnung aufgeklebt sein.
>
> Falls das Holz **massiv** ist, sind die Kanten der Hinterseite meistens leicht angeschrägt. Das kommt vom Glattschleifen.

Die angepriesene Kirschbaumschrankwand kann aber auch **teilmassiv** sein. Dann sind bei Schranktüren und Schubkastenblenden die äußeren Umrahmungen (Zargen) massiv, die Füllungen aber furniert (siehe **Anhang B**).

Und wenn es ganz schlecht kommt, dann sind die Seitenwände (Korpus) nicht einmal das. Sie bestehen stattdessen nur aus Faserplatten mit Folienoberfläche in Kirschbaum-**Nachbildung.** Wie Sie das unterscheiden können, verrate ich Ihnen unter Ziffer 2.7.3., wenn von der Holznachbildung die Rede ist.

Die Frage nach massiv oder furniert stellt sich auch oft bei Schlafzimmern. Neulich ist mir ein Prospekt untergekommen, der als Beilage einer Wochenzeitung unter die Leute gebracht worden war. Ein knalliger Text lockte:

Dazu sah man wunderschöne Fotos. Die Preise waren sensationell.

Bei einer Abbildung war vermerkt „Erle Vollholz", bei den anderen fehlten Hinweise auf das Holzmaterial. Die ganze Aufmachung sollte den Eindruck von tollen Massivholzangeboten erwecken.

Das wollte ich doch genau wissen und bin hingegangen. Ein Verkäufer sprach mich an. Ganz unschuldig fragte ich ihn: „Ist dieses Schlafzimmer Eiche massiv?"

„Ja, echt Eiche!", war die unqualifizierte Antwort.

Ich beließ es dabei und schlenderte weiter durch die Ausstellung. Dann kehrte ich zu dem Eicheschlafzimmer zurück, um es auf meine Weise zu checken, nämlich mit der **Spiegelprobe.**

Dazu hatte ich mir bereits zu Hause einen kleinen Taschenspiegel eingesteckt.

Ich öffnete die Schranktür. Den Handspiegel legte ich auf den Boden direkt unter die Unterkante der Tür. Diese konnte ich jetzt durch den Spiegel betrachten.

Ich sah deutlich äußere und innere Furniere. Der Zwischenraum war glatt und ohne Holzmaserung. Die Spanplatte war also durch Folie abgedeckt.

Von wegen massiv! Allerdings „echt", nämlich echt furniert.

Von den übrigen Schlafzimmern waren einige teilmassiv. Nur die Türen der Kleiderschränke bestanden aus Vollholz; die Korpusse teilweise aus Furnier, bei einem Schlafzimmer sogar nur aus Nachbildung.

Nur das mit „Erle Vollholz" bezeichnete Schlafzimmer war tatsächlich massiv.

Das Ergebnis meines Erkundungsgangs: Von Preissensation keine Spur!

2.7.2. Die Stabilität

2 Mal umgezogen und die Möbel sind kaputt. Wer hätte diesen Stoßseufzer nicht schon gehört.

Wenn Möbel mehrere Umzüge unbeschadet überstehen, sind sie stabil und gut verarbeitet.

Wer weiß das aber, wenn er neue Möbel kauft?

Ein Gütemerkmal „umzugsfest“ hat meines Wissens noch niemand kreiert.

Wenn wir z.B. an einem Kleiderschrank, an einem Wohnzimmerschrank oder an einer Vitrine **kräftig rütteln**, wird aller Wahrscheinlichkeit nach nichts wackeln. Die Standfestigkeit ergibt sich aus dem Zusammenhalt aller Teilkonstruktionen wie

- Korpus
- Rückwand
- Konstruktionsböden
- Einlegeböden

auch wenn sie im einzelnen gar nicht so stabil sind.

Eine „Rüttelprobe“ hilft uns also fast nichts. Wir können aber eines machen, nämlich nach den **Beschlägen** schauen!

Hochwertige Beschläge - hohe Stabilität.

Halt, das stimmt nicht ganz. Das muss ich relativieren: Das beste Scharnier bricht aus, wenn die Spanplatte minderwertig ist.

Im Allgemeinen gilt, dass **Beschläge aus Metall dauerhafter als solche aus Kunststoff sind.** Damit haben wir ein für uns leicht erkennbares erstes Gütemerkmal.

Selten zu finden sind Kastenmöbel, die in aufwändiger, fast kunsthandwerklicher Tischlermanier zusammengebaut sind, also durch Zapfen, Stiften, Verzahnen usw. Manchmal sind sogar die Schließen, Drehangeln und Führungen aus Holz. Auf Metall oder Kunststoff wird gänzlich verzichtet. Solch ein Möbel ist „erste Sahne".

Üblich ist jedoch der Zusammenbau mit Beschlägen. Deshalb hier eine kleine Beschlagkunde. Beschläge können

- ✓ **aufliegend** - auf dem Holz befestigt, nicht eingelassen
- ✓ **eingelassen** - flachbündig oder teilweise in das Holz versenkt

eingebaut sein.

Türbeschläge haben einen rechten oder linken Anschlag. Als Anschlag wird die Lage des Drehpunktes der Tür relativ zum Schrankkorpus bezeichnet.

Als **Anschlagarten** werden bezeichnet

- ✓ **aufschlagend** ... die Tür schlägt vor die Korpuskanten,
- ✓ **überfälzt** ... die Türkanten weisen einen Falz auf,
- ✓ **zwischenschlagend** ... der abgefälzte Teil schlägt in, der nicht abgefälzte vor den Korpus.

Türscharniere sind

- ✓ **Einbohrbänder** ... sie haben Stifte, die in vorgebohrte Löcher eingesteckt oder eingedreht werden.
- ✓ **Lappenbänder** ... sie bestehen aus 2 Lappen, die an Tür und Korpus festgeschraubt werden.

- ✓ **Stangenscharniere** ... haben 2 Lappen, welche fingerförmig ausgeschnitten und um eine Stange herum gerollt sind. Die Stange ist annähernd so lang wie die Tür.

- ✓ **Topfscharniere** ... haben die Form eines Topfes und werden in der Türinnenseite festgekeilt und/oder zusätzlich verschraubt.

- ✓ **Zapfenbänder** ... werden ober- und unterseitig in die Stirnkante über Zapfen eingelassen.

Spezielle Türbeschläge gibt es für Schiebetüren, Faltschiebetüren und Drehschiebetüren.

Für **Schubkästen** verwendet man

- ✓ **Rollbeschläge** ... 2 ineinander laufende Metallschienen; die eine ist an der Schrankseite, die andere am Schubkasten befestigt. Dadurch kann der Schubkasten bis zu 2 Drittel seiner Tiefe aus dem Gehäuse gezogen werden.

- ✓ **Teleskopbeschläge** ... mehrere ineinander laufende Metallschienen, die das Herausziehen des Schubkastens in der vollen Tiefe ermöglichen (Vollauszug).

- ✓ **Kugelführung** ... kugelgelagerte, sehr exakte, leichtgängige Führung.

- ✓ **Korpusbeschläge** halten den Korpus zusammen. Von den verschiedenen Arten sei hier nur die **Excenterverbindung** erwähnt. Sie ist eingelassen und verleiht hohe Stabilität.

Die Zahl der Beschlagarten mag Sie verblüffen. Verblüffend groß ist auch die Zahl der Beschlägehersteller. Einer allerdings dominiert - nicht zu Unrecht - den Markt: Die Firma Hettich Holding GmbH in 32278 Kirchlengern. Wenn Sie das Firmenlogo auf dem Beschlag eingestanzt finden, können Sie von guter Qualität ausgehen.

Nunmehr dürfte Ihnen der Blick auf die Beschläge eine richtige Bewertung ermöglichen:

Metallbeschläge sind zu bevorzugen. Sie sollten eingelassen (versenkt) sein.

Bei schweren Türen sind Stangenscharniere stabiler als Topfbänder.

Schubkästen funktionieren am besten auf kugelgelagerten Teleskopschienen.

Drücken Sie ruhig eine herausgezogene Schublade leicht hinunter. Gibt sie arg nach, ist die Qualität nicht besonders.

2.7.3. Die Oberflächen

Was ist mit den **Holzoberflächen,** die den Reiz vieler schöner Möbelstücke ausmachen? Wie wurden sie behandelt? Sie wurden

- ✓ **Gebeizt** ... Farbtonveränderung durch Auftragen von Pigmenten oder chemischen Substanzen. Trägermedien können unter anderem Wasser, Alkohol, Terpentin oder Wachse sein.
- ✓ **Gebleicht** ... der Farbton ist durch chemische Reaktion aufgehellt.
- ✓ **Gewachst** ... traditionelle Schutzbehandlung, meist mit Bienenwachs.
- ✓ **Gelaugt** ... Oberflächenveränderung mit Natronlauge.
- ✓ **Mattiert** ... die Oberfläche ist mit einer matt glänzenden Mattineschicht überzogen. Die Poren sind nicht gefüllt.
- ✓ **Lackiert** ... Schutzbehandlung der Oberfläche mit Klar- oder Pigmentlacken.
- ✓ **Poliert** ... durch Schleifen und Polieren wird die aufgetragene Lackschicht hochglänzend.

Noch ein Wort zu den gebeizten Hölzern.

Überspitzt gesagt: Man kann Ihnen beispielsweise Nussbaum präsentieren, obwohl es in Wirklichkeit Buche ist. Das Beizen macht es möglich!

Oder z.B. eine „Schrankwand in Mahagoni, altdeutscher Stil“: Echt Mahagoni wird bei uns nicht mehr verarbeitet, weil der tropische Regenwald geschützt werden soll. Also beizt man Buchenholz so, dass es wie Mahagoni aussieht.

Ehrlicherweise müssten diese umgebeizten Hölzer auch so deklariert werden, z.B. **Buche, mahagonifarben gebeizt.**

Achten Sie unbedingt darauf!

Viele Kastenmöbel sind aus **Kunststoff.**

Da hat man dann die Möbel mit Platten aus Holzwerkstoffen, vorwiegend MDF-Platten (Ziffer 2.7.4.), zusammengebaut. Auf die Oberseite der Platte wurde statt Furnier eine Folie aufgezogen. Eine solche Folie erlaubt es, gewissermaßen wie auf einem Foto eine Holzstruktur darzustellen.

Solche Möbelstücke sind natürlich kein Echtholz. Ein gewissenhafter Möbler schreibt dann auch auf seine Etikette z.B.

Eiche Nachbildung oder **Esche Dekor**

Wenn er dubiose Kürzel verwendet, wie z.B.

„Eiche Nb“ oder **„Esche fol.“,**

denkt er vielleicht, er könne uns das Zeug für echt verkaufen. Na ja, wir sind clevere Möbelkäufer!

Natürlich gibt es auch hochwertige Kastenmöbel aus Kunststoff. So mancher Möbeldesigner verzichtet bewusst auf den Werkstoff Holz. Man sieht in diesem Bereich teure Kreationen, die auch hohen Gütekriterien durchaus standhalten.

Befühlen Sie die Oberfläche und sehen Sie auch genau hin. Eine **Kunststoffoberfläche** ist glatt, viel glatter als Echtholz mit seinen Poren (Maserung). Sollten Sie eine leichte Oberflächenstruktur fühlen, ist es eine täuschend echte Holzimitation.

Suchen Sie dann nach einer Beschädigung der Oberfläche, und sei sie noch so winzig. Jeder Schrank hat irgendwo eine kleine Macke. Und da ist es schon:

Folie drückt sich ein - echtes Holz reißt auf.

Dann müssen Sie sich das (imitierte) Holzbild genau anschauen. Die Maserungen sind über sämtliche Flächen gleichmäßig und wiederholen sich in ihren Mustern.

Vergleichen Sie mit Echtholzmöbeln, die in der Ausstellung sicher in der Nähe stehen. Hier ist das Holzbild ungleichmäßig, die Maserung (Poren) kann man ertasten. Das ist dann Natur pur.

2.7.4. Die Holzwerkstoffe

Der Begriff **Holzwerkstoffe** tauchte schon einmal auf, als ich im Kapitel Polstermöbel auf die Spanplatte zu sprechen kam (Ziffer 2.4.2.). Hier noch weitere Platten:

Eine **Holzfaserplatte** ist eine Platte aus verpressten Holzfasern mit einer glatten Ober- und einer rauen Unterseite. Sie kann verschiedene Härten aufweisen. Schubkastenböden und Schrankrückwände sollten durchweg **harte** Holzfaserplatten sein.

MDF-Platten sind mitteldichte Faserplatten. Die Oberfläche ist feiner als bei herkömmlichen Möbelspanplatten.

Die **Furnierplatte** ist ein Holzwerkstoff, der mindestens aus 3 oder mehr, jedoch in ungerader Zahl kreuzweise verleimten Furnieren hergestellt wird. Sie wird auch für Rückwände, Schubkastenböden oder ähnliches verwendet.

Die **Tischlerplatte** ist ein Holzwerkstoff mit mindestens je einer Lage Sperrfurnier auf jeder Seite und einer mittleren Schicht aus aufrecht aneinander liegenden Holzstäbchen (Stabsperrholz).

2.7.5. Eine kleine Holzkunde

Als cleverer Möbelkäufer sollten Sie auch etwas über die einzelnen Hölzer wissen, denn was die Einrichtungsberater/innen hierüber sehr gerne verbreiten, ist oft nur Blabla.

Am besten halten wir uns an das, was der BVDM (Bundesverband des Deutschen Möbel-, Küchen- und Einrichtungsfachhandels e.V.) dazu sagt:

Europäische Laubhölzer haben Poren, die im Kopfschnitt ringförmig angeordnet sind. Dazu zählen Eiche, Rüster, Esche. Andere haben Poren, die verstreut angeordnet sind, z.B. Ahorn, Buche, Birnbaum, Birke.

Tropische Laubhölzer sind Laubhölzer aus tropischem und subtropischem Klimagürtel, z.B. Mahagoni, Rio Palisander, Sapelli, Makore, Afrormorsia, Antigre, Koto, Wenge, Limba, Boiré, Teak usw.

Harthölzer sind vorwiegend Laubhölzer wie Eiche, Buche und Eibe.

Weichhölzer sind vorwiegend Nadelhölzer wie Kiefer, Lärche, Fichte oder Tanne. Sie haben eine grobe Zellstruktur und verändern bei Lichteinwirkung stark ihre Farbe ins Dunkle.

Nadelhölzer können hellfarbig und breit (Frühholz) oder dunkelfarbig und schmal (Spätholz) sein.

Ich möchte diese Definitionen noch durch eine Aufzählung **weicher** und **harter Nutzhölzer** ergänzen.

Weiche Nutzhölzer

aus Europa	Birke, Erle, Fichte, Kiefer, Linde, Pappel, Pinie, Rosskastanie, Tanne, Weide.
außerhalb Europas	Abachi, Abura, Agba, Alerce, Balsa, Brasilkiefer, Ceiba, Ilomba, Okumé, Redwood, Schirmbaum.

Harte Nutzhölzer

aus Europa	Ahorn, Birne, Buche, Edelkastanie, Eibe, Eiche, Esche, Hainbuche, Kirsche, Pflaume, Platane, Ulme, Walnuss.
außerhalb Europas	Afrormorsia, Basralocus, Doussie, Eukalyptus (Jahrrah), Hickory, Iroko, Khaya, Limba, Lauan, Mahagoni, Makore, Mansonia, Niangon, Palisander, Paduk, Pitchpine, Ramin, Sapelli, Sen, Sipo, Tchitola, Teak, Wenge, Yang.

Sehr harte Nutzhölzer

aus Europa	Buchsbaum, Robinie.
außerhalb Europas	Amarant, Bongossi, Ebenholz, Eisenholz, Greenheart, Grenadill, Pockholz, Quebracho.

Eine **Übersicht** der wichtigsten Holzarten und Holzmaserungen finden Sie im **Anhang A**.

Jetzt werden Sie vielleicht fragen**:** „Was sind denn die wertvollsten Hölzer?“

Ohne großes Nachdenken könnte man die Harthölzer nennen. Vielleicht sollte man dabei auch noch an die Verarbeitungseignung denken und an die Preise auf dem Holzmarkt. Aber:

Die Verwendung von Hölzern für die Möbelproduktion hängt weitgehend vom **Kundengeschmack** ab, der durchaus beeinflussbar ist, unter anderem durch gezielte Werbung.

Was der Möbelkunde im Augenblick akzeptiert bzw. kauft, das hat natürlich seine Auswirkungen auf die Holzpreise:

Beispielsweise lag einige Zeit **Erle** sehr stark im Trend. Also entstand hierfür eine spezifische Nachfrage am Holzmarkt, die zu hohen Preisen führte (Nachfragemarkt).

Einige Hölzer, besonders solche aus den Tropen, sind knapp geworden und die Holzhändler können fast jeden Preis erzielen (Angebotsmarkt).

Ich hatte zunächst die Absicht, Ihnen eine Preisübersicht über die gängigsten Hölzer auf dem Weltmarkt zu erstellen. Dann dachte ich aber an den **Schweinezyklus...**

... und ließ es sein!

Der Schweinezyklus? Was das ist?

Das ist eine Story, welche die Volkswirte gerne erzählen, wenn sie erklären sollen, wie Preise entstehen:

> Ein Landwirt hat sich auf die Schweinezucht verlegt und erzielt für sein Schweinefleisch den sehr guten Preis x.
>
> Die Landwirte mit anderen Produktionsschwerpunkten blicken neidisch auf den Schweinezüchter, weil sie nicht so viel verdienen. Immer mehr Bauern beschließen, ebenfalls nur Schweine zu züchten. Der Markt wird mit Schweinefleisch überschwemmt und der Preis sinkt auf x ./. 50.
>
> Da die Schweinezucht nun Verluste einfährt, verlegen sich viele Bauern auf die Produktion anderer landwirtschaftlicher Erzeugnisse. Das Schweinefleisch wird knapp.
>
> Die wenigen verbliebenen Schweinezüchter sacken einen vorher nie da gewesenen Schweinefleischpreis von x mal 80 ein. Jetzt drängen die Bauern wieder in die Schweinezucht und alles geht von vorne los...

Man könnte diese Story auch als Holzzyklus verkaufen. Also bringt es nichts, den Wert von Hölzern anhand von Marktpreisen zu definieren.

> Trotzdem gebe ich Ihnen ein Kurzprofil, das ich von einigen Weltmarktpreisen ableite:
>
> Wenn ich dem Preis für Kiefernholz die Indexzahl 100 zuordne, dann gilt
>
> 134 für Fichte
> 218 für Buche
> 226 für Eiche.
>
> Eiche ist also zurzeit das wertvollste Holz.

2.7.6. Die Holzzertifizierung

Ein Zertifikat ist ein Gütesiegel. Uns als Möbelkäufern ist es nur recht, wenn dem Holz, aus dem unsere Möbel gebaut sind, erste Güte bescheinigt worden ist.

Wie kommt es aber nun zu solch einer Gütebescheinigung?

Es begann beim Wald. Ist der Wald gut, ist das Holz gut. Das ist logisch. Die Forstbetriebe und Holzerzeuger wollten dokumentieren, dass ihr Wald und das erzeugte Holz etwas Besonderes ist. Natürlich wollten sie damit die Nachfrage nach ihren Hölzern steigern, also den Markt etwas aufmischen. So verfielen sie auf die Zertifizierung.

Unabhängige Gutachter wurden beauftragt, den jeweiligen Forstbetrieb, seine Wirtschaftsmaßnahmen und den Zustand seiner Wälder zu bewerten. Man legte bestimmte ökologische, soziale und wirtschaftliche Bewertungsmaßstäbe (Standards) fest und besiegelte alles mit einem Zertifikat.

Es versteht sich, dass eine Zertifizierung erst dann als Marketinginstrument voll durchschlägt, wenn sie Internationalität gewinnt. Es etablierten sich verschiedene Zertifizierer. Die beiden bedeutendsten sind:

- ✓ **FSC** (Forest Stewardship Council)
- ✓ **PEFC** (Programme for the Endorsement of Forest Certification Schemes)

Das FSC wurde im Jahr 1993 mit Sitz in Mexiko gegründet, das PEFC existiert in seiner heutigen Form seit 2003. Und so sehen die Gütesiegel aus:

Es geht bei der Zertifizierung aber nicht nur um das Holz, wie es aus dem Wald kommt. Es durchläuft ja noch zahlreiche Verarbeitungs- und Handelsstufen, bevor es bei uns als Möbelstück in der Wohnung steht.

Deshalb hat man die Zertifizierung auf die so genannte **Produktkette** erweitert. Ein Gütesiegel garantiert also auch die Kontrolle der Zertifizierer über die gesamte Verarbeitungs- und Handelskette hinweg.

Außerdem soll es sicherstellen, dass Holz aus zertifizierten Wäldern auf seinem Weg bis hin zum Endverbraucher nicht mit unzertifiziertem Holz vermischt wird.

Na also. Dann werden wir künftig den Möbelhändler nach dem Holzzertifikat fragen. Mal sehen, was dabei herauskommt!

2.8. Die Qualität bei Tischen und Stühlen

Ich habe viele Besucher in Möbelhäusern beobachtet, die vielleicht unbewusst richtig handelten:

Sie rüttelten an den Esstischen, um zu prüfen, ob sie wackelten. Sie setzten sich auf die Stühle und bewegten sich kräftig hin und her, vor und zurück. Sie wollten sich von der Standfestigkeit überzeugen.

Die **Wackelprobe** ist unerlässlich für den Qualitätstest beim **Tisch.** Wir wollen sie verfeinern.

Stellen Sie sich an eine Schmalseite des Tisches und greifen Sie links und rechts fest um die Plattenkanten. Ihr Oberkörper darf dabei nur leicht gebeugt sein. Mit gleichzeitigem Druck nach unten geben Sie dann mehrmals einen Schub nach vorn und wieder zurück.

An der Längsseite des Tisches fassen Sie die Tischplatte mit dem Daumen nach unten. Dabei sollte Ihr Oberkörper etwas stärker nach vorn gebeugt sein. Führen Sie wieder die gleichen Schubbewegungen aus.

Total unbeweglich wird nur ein massiger, schwerer Tisch stehen.

Leichte Schwingungen sind unbedenklich. Oft werden Sie aber erleben, dass ein Tisch mächtig wackelt!

Schauen Sie sich jetzt die **Tischkanten** genauer an. Sind sie sauber gearbeitet?

Dass bei Tischplatten aus Holzwerkstoffen oder Kunststoffen die Umleimer schlampig angebracht sind, stellt leider keine Ausnahme dar.

Die **Plattenoberfläche** von Holztischen sollte versiegelt sein, um Fett, Wasser, Alkohol und andere Verschmutzungen leicht abwischen zu können. Auch ist eine gewisse Kratz- und Schnittfestigkeit vonnöten.

Die Prüfung dieser Eigenschaften ist Ihnen als Kunde leider versagt. Da müssen Sie sich auf die Angaben verlassen. Wie Sie sich dennoch absichern, verrate ich Ihnen unter Ziffer 10.

Eine Ausnahme sind urige Massivholztische mit besonders dicker Tischplatte. Deren Oberfläche ist meist gewachst oder gelaugt und geölt. Verschmutzungen muss man abschmirgeln. Das ist dann so gewollt.

Ausziehtische nehmen wir besonders unter die Lupe. Unterlassen Sie es nie, einen solchen Tisch tatsächlich gänzlich auszuziehen!

Die Betätigung der Auszugsmechanik sagt Ihnen viel über die Güte der Konstruktion. Prüfen Sie den Tisch hinsichtlich einfacher Handhabung (kein „Fingerklemmen“, keine Verrenkungen oder sonstige Mühen) und Leichtgängigkeit.

Ferner können Sie beim ausgezogenen Tisch viel leichter erkennen, wie die Materialien bei der Tischplatte und beim Gestell aussehen und wie sie verarbeitet wurden, weil sie nunmehr offen vor Ihnen liegen.

Ziehen Sie den Tisch aus und prüfen Sie, ob die Beschreibung der Tischplatte den Tatsachen entspricht.

Bei Holzplatten z.B. erkennen Sie an der jetzt frei liegenden Innenkante, ob die Platten tatsächlich massiv oder furniert sind. Wie Sie das testen, kennen Sie schon von den Kastenmöbeln her.

Auszugsplatten und Hauptplatte sollten in Maserung und Farbton übereinstimmen. **Nur das ist gute Qualität.** Wenn die Maserung der Auszugsplatte in Querrichtung gegenüber derjenigen der Hauptplatte verläuft, kann man das unter Umständen noch akzeptieren - Farbabweichungen jedoch nicht.

Über die **Stabilität von Auszugstischen** klärt uns eine **abgewandelte Wackelprobe** auf.

Nehmen Sie einen Stuhl und setzen Sie sich an eine Kopfseite des völlig ausgezogenen Tisches.

Stützen Sie Ihre Unterarme auf die Platte auf und drücken Sie nach unten. Die Platte darf dann nur geringfügig federn.

So simulieren Sie den tatsächlichen Gebrauch: Denken Sie mal daran, was nicht alles bei einer ausgelassenen Tischgesellschaft passieren kann!

Dann sind da noch **Kulissentische**, eine Besonderheit unter den Ausziehtischen.

Der Name deutet es schon an. Wie eine Bühnenkulisse zieht man den Tisch auseinander, wobei sich das Gestell oder Teile davon mitbewegen. So lässt sich eine Ausziehlänge von 350 cm und mehr erreichen, Platz für eine Fußballmannschaft samt Trainer!

Und alles steht bombenfest, weil die äußeren Enden durch Gestellteile vom Boden aus unterstützt werden.

Bevor Sie kaufen, versäumen Sie es bitte nicht, den Kulissentisch eigenhändig auszuziehen. Dann entgehen Ihnen eventuelle Bedienungsprobleme nicht, und Sie können sich die Mechanik ansehen. Manchmal gibt es Schwachstellen, die auch ein Laie erkennt, z.B. wenn der mitgleitende Stützfuß zu sehr über den Boden schrammt.

Und noch etwas: Nicht alle weit ausziehbaren (ca. 300 cm) Tische sind Kulissentische. So einer z.B. ist keiner:

Ob bei der Wackelprobe die Tischenden wohl wie Kuhschwänze wackeln? Ein „Kuhtisch" also? Ich bin mir ziemlich sicher, dass es so ist.

Jetzt kommt der **Stuhl** an die Reihe.

Betrachten Sie zunächst das Gestell. Die oben angedeutete Wackelprobe beim Sitzen bringt allerdings kaum Erkenntnisse. Besser ist, wenn Sie so vorgehen:

> Stellen Sie sich neben den Stuhl und fassen Sie mit der einen Hand an die Lehnenoberkante, mit der anderen an die Vorderkante des Sitzes.
>
> Kippen Sie jetzt den Stuhl leicht nach hinten, so dass er auf den beiden hinteren Füßen steht. Drücken Sie ihn fest auf den Boden und vollführen Sie kräftige Drehbewegungen.
>
> Falls die Konstruktion wenig stabil ist, spüren Sie, wie der gesamte Aufbau nachgibt.

Das gilt sowohl für Konstruktionen aus Stahl als auch für Konstruktionen aus Holz.

Holzstühle haben ein massives Gestell. Wie sonst wollte man eine einigermaßen akzeptable Stabilität erreichen? Meistens verwendet man **Buchenholz** und beizt es auf eine andere Holzfarbe um. Die Beschreibung müsste dann lauten

Buche massiv...

- ... erlefarbig
- ... nussbaumfarbig
- ... kirschbaumfarbig etc.

Eiche und **Esche** sollten im Original verwendet sein. Massive Stühle aus Edelhölzern wie **Nussbaum** und **Kirsche** sind seltener zu finden. Das wäre dann wiederum erste Sahne und dementsprechend teuer. Wie finden Sie das heraus?

> Schauen Sie sich die **Holzmaserung** an (siehe Anhang A). Nussbaum und Kirsche haben sehr typische Strukturen.
>
> Wenn es gebeizte Buche ist, finden Sie kaum Masern.
>
> Auch die jeweilige Farbe kann bei gebeizter Buche kaum originalgetreu erreicht werden.
>
> Drehen Sie den Stuhl um und betrachten Sie von unten die Stellen, an denen die Zargen miteinander verbunden sind. Irgendwo gibt es kleine Bereiche, an denen die Beizfarbe das hellere Buchenholz nicht ausreichend abgedeckt hat.
>
> Außer, das Stück wäre echt.

Der Sitz vieler guter Stühle hat auch ein gutes **Polster**.

Geringwertig wäre ein Sitzpolster, über dessen Sitzschale aus Holzwerkstoff ein wenig Blockschaum gezogen ist. Das fühlen Sie, wenn Sie hineindrücken.

Hochwertig ist ein Sitzpolster mit Federkern. Hier nennt man ihn Federkorb. Es sollten Spiralfedern verwendet sein. Nosag®-Federn können es auch sein; das ist dann aber weniger komfortabel.

> Wenn Sie den Stuhl umdrehen, dürfte der Federkern sichtbar sein.
>
> Bei Spitzenfabrikaten ist er mit Spannstoff abgedeckt. Dann können Sie aber die Federn fühlen.

Die **Bezugsmaterialien** können Sie genauso prüfen wie bei den Polstermöbeln (Ziffer 2.5.)

Letztlich sollten noch **Essgruppen aus Rohrgestellen** wie **Bambus** oder **Rattan** erwähnt werden.

Rattan ist ein Rohr aus den Stängeln bestimmter Rattanpalmen des ostasiatischen Dschungels.

Das Rohr ist nicht hohl, wie das Wort vermuten lässt, sondern voll. Als Naturrohr hat es einen gelblichen Farbton und wird in gewissen Abständen von braunen bis schwarzen Ringen unterbrochen.

Dicke Stangen werden für tragende Teile verwendet (Gestellrohr), die dünneren für das Füllen von Sitzen oder Rücken der Stühle (Korbrohr).

Geschältes Rattan wird als Peddigrohr bezeichnet und kann in verschiedenen Farbtönen gebeizt oder lackiert werden.

Zum Stabilisieren von Verbindungen wird Wickelrohr verwendet. Das ist ein Schälprodukt, das in Streifen vom Rohr abgeschält wird.

Neuerdings hat die Deutsche Gütegemeinschaft Möbel e.V. (DGM) **Qualitätsmerkmale für Rattan- und Flechtmöbel** festgelegt. Wenn diese erfüllt sind, kann das Gütezeichen „Goldenes M" darauf gesetzt werden. Was von Gütezeichen zu halten ist, erfahren Sie unter Ziffer 2.10.

Die Qualitätsmerkmale für Rattan- und Flechtmöbel finde ich sehr brauchbar, weil sie auch der Laie testen kann:

- ✓ Keine Klammern oder Nägel bei tragenden Konstruktionsverbindungen, sondern Verzapfen, Verleimen, Verdübeln
- ✓ Keine Verbindung tragender Teile per Wickelung mit Leder oder Peddigschienen, außer zum Zwecke der Dekoration
- ✓ Keine Brandstellen bei Rattan
- ✓ Keine Peddigstangen und Peddigstaken lose in den Bohrlöchern, sondern immer verleimt
- ✓ Keine Stäbungen unter 10 mm Durchmesser und nicht ohne Riegel oder Verstrebungen (Stabilität)
- ✓ Keine Schraubverbindungen, außer zwischen Rattan und Holz bzw. Metall
- ✓ Keine Geräusche beim Gebrauch
- ✓ Keine unregelmäßigen Flechtungen
- ✓ Kein Leimaustritt bei Leimverbindungen

Der Vollständigkeit halber sei erwähnt, dass bei Flechtmöbeln zunehmend das Naturprodukt Bambus und Rattan durch Kunstgeflecht aus der Chemieproduktion ersetzt wird.

Sie können es selbst erleben, wenn Sie in den wärmeren Jahreszeiten die Sonne in Straßencafés oder Biergärten genießen: Die dort aufgestellten Stühle und Tische sehen auf den ersten Blick so aus, als seien sie aus natürlichem Rattan geflochten - sie sind aber aus Kunststoff.

Und noch ein Produkt aus dem Flechtmöbelbereich muss ich Ihnen vorstellen: **Lloyd Loom**.

Lloyd Loom ist nichts anderes als mit Kraftpapier umwickelter Draht. Erfunden hat es Marshall Burns Lloyd im Jahr 1917 in den USA, der mit diesem Materialmix erreichen wollte, das mühsame Korbflechten durch maschinelles „Weben“ zu ersetzen. Es gelang und das englische Unternehmen W. Lusty & Sons verfeinerte seit 1922 die Verfahren und Produkte und stellte „fein gewobene“ Flechtmöbel her, die heute als Klassiker gelten.

Loom Flechtmöbel sind nach wie vor Spitze. Dennoch sollte man vor einem Erwerb die oben aufgeführten Tests keinesfalls weglassen!

2.9. Die Qualität bei Couchtischen

Bei den Couchtischen wollen wir uns die **Gestelle** und die **Platten** näher ansehen.

Sind beide aus Holz, dann wissen Sie bereits, wie es zu testen ist (Ziffer 2.7.). Ich nenne nur die Stichworte: Massiv, teilmassiv, furniert, Oberflächenbehandlung, nachgeahmte Hölzer (z.B. Buche kirschbaumfarbig gebeizt), Plattenversiegelung etc.

Für die Platten von Couchtischen und teilweise auch für die Gestelle verwendet man gerne spezifische Materialien:

Granit ... sehr hartes Tiefengestein aus fein- bis grobkörnigen Teilen von Feldspat, Quarz und Glimmer. Die Grundfarben sind rötlich, gelblich oder bräunlich. Granit lässt sich gut bearbeiten und ist widerstandsfähig.

Marmor ... weißes oder farbiges, häufig geädertes Metamorphgestein. Härte und Bruchfestigkeit können unterschiedlich sein. Ein Spitzenprodukt ist Marmor aus Oberitalien (Carrara-Marmor). Die meisten Marmorplatten sind mit Polyesterlack überzogen, um sie vor dem Eindringen von Wasser oder Fetten zu schützen.

Onyx ... eine Abart des Quarzes, die grünlich, bräunlich und cremefarben schimmert und nur in kleinen Stücken gebrochen werden kann. Große Tischplatten aus Onyx in einem Stück sind selten und teuer.

Schiefer ... ein Gestein, das aus dünnen, ebenen Lagen besteht und in flache Spalten geteilt ist. Die unebene Oberfläche wird mit schnell trocknenden Ölen imprägniert. Auf diese Weise wird eine Schutzschicht gebildet, die Wasser abweist und die intensive Färbung erst richtig zur Geltung bringt.

Die Schieferplatte ist recht empfindlich. Oft reicht das Staubwischen nicht aus, um eine perfekte Pflege zu garantieren, so dass häufig eine Bearbeitung mit Stahlwolle erforderlich ist. Danach sollte die Platte mit Leinölfirnis oder Teaköl eingerieben werden. Von guter Qualität ist afrikanischer oder asiatischer Buntschiefer.

Fliesen bzw. Kacheln ... eine Platte aus Steingut, Stein oder Kunststoff, deren Oberfläche nicht immer glatt, aber widerstandsfähig ist. Sie ist außerdem hitzebeständig und leicht zu reinigen.

Glas ... ein Schmelzprodukt, das im wesentlichen Siliziumdioxid enthält. Bei Glasplatten sollten Sie darauf achten, dass die Kanten sauber geschliffen sind. Eine besonders schöne Schleifform ist der Fassettenschliff.

Acrylglas ... ein thermoplastischer Kunststoff aus Polymethylmethacrylat (PMMA). Ein Handelsname ist Plexiglas®. Es ist sehr kratzempfindlich, Staub anziehend und von acetonhaltigen Substanzen (z.B. Nagellackentferner) angreifbar.

emaillierte Stahlplatten ... sind seltener zu finden. Email ist ein eingetrübtes Glas. Die emaillierte Stahloberfläche bietet einen besonderen visuellen Aspekt, ist außergewöhnlich haltbar und pflegeleicht.

Die **Gestelle** von Couchtischen werden oft aus **Stahl** konstruiert oder gar geformt. Der Stahl ist besonders behandelt, nämlich

Galvanisiert ... hierbei wird der Stahl mit einer dünnen Schicht aus Kupfer, Messing oder Chrom überzogen. Manchmal ist er echt vergoldet (18 oder 24 Karat).

Legiert ... dabei wird der Stahl nicht durch eine äußere Schutzschicht, sondern von innen her vom Oxydieren abgehalten. In der Schmelze werden ihm Edelmetalle zugesetzt, die ihn nicht rosten lassen.

Wirbelgesintert ... das Gestell wird auf 400 °C erhitzt und in einen Behälter gehängt, in dem sich aufgewirbeltes Kunststoffpulver befindet, das auf dem heißen Stahl schmilzt und eine geschlossene Schicht bildet. Diese Schicht ist dick und widerstandsfähig, weil mit dem Stahl stark verbunden.

Schließlich findet man hin und wieder Gestelle aus nicht rostendem **Schmiedeeisen**, besonders in rustikalen Stilbereichen. Couchtische aus Rattan seien nur mit diesem Satz erwähnt. Zur Beschreibung dieses Materials siehe Ziffer 2.8.

2.10. Ist auf Gütezeichen Verlass?

Sie haben richtig gelesen. Man muss diese Frage stellen.

Gütezeichen sollten in Ordnung sein, wenn sie ihrerseits ein Gütesiegel tragen. Das meint zumindest RAL, wenn er sagt:

> Nur der RAL darf in Deutschland Gütezeichen vergeben. Alle Gütezeichen sind durch die Worte „RAL“ und „Gütezeichen“ vom Verbraucher leicht **von anderen Kennzeichen zu unterscheiden.**

RAL ist die Flagge von „Deutsches Institut für Gütesicherung und Kennzeichnung e.V.“, 53757 Sankt Augustin. Es versteht sich als „Obersiegeler“.

Und das sind die RAL-Gütezeichen aus der Möbelszene:

Ja, das berühmte „Goldene M“ und der schöne „Blaue Engel“. Letzterer fliegt auch für das Umweltbundesamt. Und es gibt noch mehr:

„Weiter oben (z.B. unter Ziffer 2.6.6.) wurden doch auch schon Gütesiegel gezeigt“, sagen Sie. Die sind dann wohl gar nicht vom RAL abgesegnet?

Richtig. Nicht umsonst spricht RAL von anderen Kennzeichen. Da wären zum Beispiel auch noch:

Diese stehen für (von links nach rechts)

- sichere Elektrizität - etwa bei Motorrahmen, Möbelbeleuchtungen usw.
- kontrollierte Qualität - nicht nur hinsichtlich Werkstoffe und Produktion, sondern auch für Lieferfähigkeit und Service
- europäischen Umweltstandard - besonders bei der Möbelproduktion.

Kann man sich also auf Qualitätssiegel verlassen?

Na dann lesen Sie mal folgenden E-Mail-Newsletter, den ich vom eco-Umweltinstitut, 50677 Köln, erhielt. Ich drucke ihn hier auszugsweise mit freundlicher Genehmigung ab.

*** Eco-info- - der Newsletter des **eco-UMWELTINSTITUTS** ***

Liebe Leserinnen und Leser von eco-info,

ein Stuhl ist ein Stuhl ist ein Stuhl ... Doch Vorsicht! Wie vielschichtig Möbel aufgebaut sind und welche gesundheitlichen Beeinträchtigungen von den verwendeten Materialien ausgehen können, verrät die neue **kostenlose Broschüre "Möbel für gesundes Wohnen" vom Umweltbundesamt.**

Sie ... wirbt für die Gütesiegel der "Blaue Engel" ("weil emissionsarm") und das Goldene M der Deutschen Gütegemeinschaft Möbel. Zeitgleich mit dieser Broschüre erscheint im **Öko-Test-Ratgeber** Bauen, Wohnen, Renovieren der **Test "Gütesiegel für Möbel und Matratzen"**.

Dort schneiden der Blaue Engel und das Goldene M nur "ungenügend" ab. Der Grund: Die Prüfkriterien erlauben größere Anteile an Erdölprodukten und lassen bedingt Formaldehyd und Lösemittel zu.

... Als zugelassenes Prüfinstitut für die Prüfung nach RAL UZ 38 (Blauer Engel) begrüßen wir...

Soweit das auszugsweise Zitat.

Das eco-Umweltinstitut hat also die RAL-Prüfkriterien unter die Lupe genommen und gewissermaßen die Prüfung geprüft. Siehe da, bei namhaften Qualitätssiegeln gab es durchaus etwas zu kritisieren. Da kommt man doch ins Grübeln, oder?

Ich will die Qualitätssiegel nicht niedermachen. Ich rate nur zu gesundem Misstrauen.

> Auch wenn die Gütezeichen, Zertifikate und Prüfsiegel nur so prangen, verzichten Sie nie auf die einfachen Qualitätstests dieses Ratgebers!

Außerdem müssen Sie bedenken, dass sich vielfach nur die Hersteller den Prüfkriterien gebeugt haben. Ihr Kaufvertragspartner ist aber der Möbelhändler. Ihm gegenüber müssen Sie sich absichern. Wie das geht, zeige ich Ihnen unter Ziffer 10.

3. Die Möbelpreise

3.1. Die Preislandschaft der Möbelbranche

Da wir nun über die Möbelqualität Bescheid wissen, können wir uns intensiv den Möbelpreisen zuwenden. Dabei ist es vorteilhaft, die zahllosen Einzelpreise der Möbelstücke in einen Gesamtzusammenhang zu stellen. Deshalb betrachten wir zunächst die **Preislandschaft** des Möbelhandels als Ganzes.

Dazu nochmals ein beispielhaftes Szenario:

> Das Heimweh hat Petra aus der Ferne wieder zurück nach Deutschland getrieben. Sie hatte fast 10 Jahre lang auf der schönen Karibikinsel Antigua als Reiseleiterin gearbeitet. Nun war sie 42 Jahre alt und sehnte sich nach Minden/Westfalen, ihrer Heimatstadt, zurück.
>
> Als ausgebildete Reisekauffrau mit Auslandserfahrung fand sie schnell eine Anstellung in einem Reisebüro mitten in der Stadt. Da man ihr bei der Suche behilflich war, konnte sie auch bald eine schnuckelige 3-Zimmer-Wohnung mit Küche und Bad anmieten, die nur ein paar Schritte vom Reisebüro entfernt lag.
>
> Diese galt es nun zu möblieren. Petra nahm sich nicht allzu viel Zeit für den Möbelkauf, denn sie musste sich auf ihren neuen Beruf konzentrieren. Recht schnell hatte sie die Einrichtung beisammen:
>
> **Wohnzimmer**
>
> - Schrankwand in Erle, teilmassiv, ca. 300 cm breit **2.500,00 €**
> - Polstergarnitur mit Schlaffunktion in Stoff, Mikrofaser „Lavado“ **2.500,00 €**
> - Couchtisch in Erle massiv **550,00 €**

Esszimmer

• Esstisch mit 6 Stühlen, Erle	**1.150,00 €**
• Vitrine, Erle massiv	**850,00 €**

Schlafzimmer

• Kleiderschrank, 6-türig, 2 Spiegeltüren, Erle teilmassiv	**1.450,00 €**
• Einzelbett in Erle, 140x200 cm, mit 2 Nachtkonsolen	**850,00 €**
• Bettrahmen, Taschenfederkernmatratze, 140x200 cm	**900,00 €**

Küche

Einbauküche komplett mit Elektrogeräten: Backofen, Kochfeld, Dunstesse, Kühl- und Gefrierkombination, Geschirrspüler	**6.750,00 €**

Sonstiges

• Garderobe	**1.000,00 €**
• verschiedene Kleinmöbel	**500,00 €**

Alles zusammen also	**19.000,00 €**

Es handelte sich um Möbel in zeitlos elegantem Design und von solider, d.h. mittlerer Qualität. Petra benötigte für diese Anschaffungen fast ihre gesamten Ersparnisse.

Petras Wohnung wollen wir nun als **Musterwohnung** näher betrachten.

Ob Petra ihre Möbel clever eingekauft hat, sei hier ausnahmsweise außer Acht gelassen. Zunächst einmal kommt es mir darauf an zu zeigen, was eine Wohnungseinrichtung kosten **kann.**

Die Möbelbranche teilt ihre Produkte in **Preissegmente** ein und gibt damit gleichzeitig einen Hinweis darauf, welcher **Qualitätskategorie** sie die Möbel zuordnet:

oberstes Preissegment	Luxusmöbel und Luxuseinrichtungen
gehobenes Preissegment	hochwertige Möbel und die so genannten Markenmöbel
mittleres Preissegment	solide Qualitätsmöbel
unteres Preissegment	gängige Möbel geringerer Qualität, Mitnahmemöbel und Möbel aus der Kategorie „Junges Wohnen“
Billigpreissegment	Billigmöbel („Wegwerfmöbel“)

Aber bitte erinnern Sie sich: Wir messen die Qualität nicht alleine am Preis (siehe Ziffer 2.).

Wenn wir Petras Möbel, also die Einrichtung unserer Musterwohnung den Preissegmenten zuordnen, tritt Interessantes zutage:

Tabelle 1: Preissegmente des Möbelhandels

Preissegmente in Euro			
	Unteres Segment	Mittleres Segment	Gehobenes Segment
Wohnzimmer	1.750,00 bis 4.000,00	4.000,00 bis 8.000,00	8.000,00 bis 12.000,00 +
Schrankwand ca. 300 cm breit	500,00 bis 1.500,00	1.500,00 bis 4.000,00	4.000,00 bis 6.000,00 +
Polstergarnitur mit Schlaffunktion und Stoffbezug	1.000,00 bis 2.000,00	2.000,00 bis 3.000,00	3.000,00 bis 4.000,00 +
Couchtisch	250,00 bis 500,00	500,00 bis 1.000,00	1.000,00 bis 1.500,00 +
Esszimmer	900,00 bis 1.750,00	1.750,00 bis 3.500,00	3.500,00 bis 6.000,00 +
Esstisch mit 6 Stühlen, Erle	500,00 bis 1.000,00	1.000,00 bis 2.000,00	2.000,00 bis 3.500,00 +
Vitrine	400,00 bis 750,00	750,00 bis 1.500,00	1.500,00 bis 2.500,00 +
Schlafzimmer	1.200,00 bis 2.500,00	2.500,00 bis 5.000,00	5.000,00 bis 8.000,00 +
Kleiderschrank 6-türig	500,00 bis 1.000,00	1.000,00 bis 2.000,00	2.000,00 bis 3.000,00 +
Einzelbett 140x200 cm	250,00 bis 800,00	800,00 bis 1.500,00	1.500,00 bis 2.500,00 +
Bettrahmen 140x200cm und Taschenfederkern-matratze	400,00 bis 800,00	800,00 bis 1.500,00	1.500.00 bis 2.500,00 +
Einbauküche komplett mit Backofen, Kochfeld, Dunsthabe, Kühl- und-Gefrier-Kombination, Geschirrspüler	2.000,00 bis 3.000,00	3.000,00 bis 8.000,00	8.000,00 bis 13.000,00 +
Garderobe	250,00 bis 1.000,00	1.000,00 bis 3.000,00	3.000,00 bis 4.500,00 +

+ steht für „und mehr“

Sie sehen, dass die **Möblierung der Musterwohnung**

- ✓ **6.000,00 €** (unteres Segment) oder
- ✓ **20.000,00 €** (mittleres Segment) oder aber auch
- ✓ **35.000,00 €** (gehobenes Segment) kosten kann.

Es ist daher sinnvoll, wenn Sie sich bereits am Anfang Klarheit darüber verschaffen, in welchem Preissegment Sie sich bewegen können oder wollen.

Wenn Sie dann psychologisch aufgerüstet (siehe Ziffer 1.) in die Kaufverhandlungen einsteigen, wird es Ihnen gelingen, einen Gesamtpreis herauszuholen, der zum Beispiel in das mittlere Preissegment fällt, die Möbel jedoch der gehobenen Qualitätskategorie entsprechen.

Mit anderen Worten:

Der clevere Möbelkäufer zahlt für gehobene Qualität so viel (oder so wenig) wie andere für mittlere Qualität.

Oder in Zahlen ausgedrückt:

Für die gleiche Wohnungseinrichtung zahlt der clevere Möbelkäufer 20.000 €, der andere Möbelkäufer 27.000 €.

Hinweis: Die Preislandschaft bei Matratzen und Bettrahmen weist einige Besonderheiten auf. Spezielle Infos dazu finden Sie unter Ziffer 2.6.8.

3.2. Der Möbelpreis ist unser Geld

Erhobenen Hauptes könnten Sie jetzt ein Möbelhaus betreten.

Was auch die Ausstellung bieten mag, über die Qualität der Möbel kann Ihnen keiner ein X für ein U vormachen. Da sind Sie jetzt schlauer als so mancher Möbelverkäufer.

Ebenso wissen Sie, welche Qualitätskategorien nach Meinung der Möbelhändler zu den einzelnen Preissegmenten gehören.

Doch nun geht es um den Preis des einzelnen Möbelstücks und damit endgültig um unser Geld, das der Möbelhändler haben will.

Blättern Sie zur Erinnerung noch mal zurück zu unseren Kaufbeispielen (Ziffer 1.2.). Wie kann es sein, dass für ein und dasselbe Möbelstück der eine Möbler diesen, der andere einen anderen Preis verlangt?

Da fühlte sich schon mancher verschaukelt, wie ich zahlreichen Zuschriften von Möbelkäufern entnehmen kann. Also werde ich die Hintergründe schonungslos aufdecken.

Die Preisgestaltung und die Kalkulation ...

... soll nicht länger ein Geheimnis der Möbelhändler bleiben.

Zuvor möchte ich nochmals etwas klarstellen:

Zwar ist dieser Ratgeber eindeutig darauf gerichtet, den Geldbeutel der Möbelkäufer nachhaltig zu entlasten. Was den einen entlastet, kann den anderen belasten. Die Möbelhändler bewerten meine Ratschläge deshalb sicherlich als feindlichen Anschlag auf ihren Gewinn.

Aber wir sind beileibe nicht die Feinde der Möbelhändler. Wir möchten auch nicht, dass sie die Lust verlieren und dann das Feld räumen. Dann müssten wir unsere Möbel wieder selber bauen.

Nein. Gewinn soll schon sein.

Und wenn unsere Möbelhändler nicht nur kleine, sondern große Gewinne machen möchten, haben wir dafür durchaus Verständnis, weil es zur Natur des Geschäftemachens gehört.

Aber der Möbelpreis ist unser Geld. Und wir als Möbelkäufer haben ebenso Geschäftliches im Sinn: Wir wollen unsere Möbelausgaben minimieren. Mag es den Möbelhändler auch ärgern, **aber einen Teil von seinem hochgesteckten Gewinn wollen wir uns abzwacken**.

Das nennt man Marktwirtschaft, oder?

3.3. Geheimsache Möbelpreiskalkulation

Nach all der Vorrede machen wir uns nun rasch ran ans Eingemachte und lüften die Geheimnisse.

Preise errechnet man per Kalkulation. Folgendes **Kalkulationsschema** ist im Möbelhandel allgemein üblich:

Einkaufspreis (EK-Listenpreis)
./. Einkaufskonditionen

Einstandspreis

\+ Kosten der betrieblichen Infrastruktur

Selbstkostenpreis

. . . .

\+ **Handelsaufschlag**

Verkaufspreis (VK-Listenpreis)

./. Preisnachlässe

Hauspreis (Abgabepreis)

Bis hierhin ist das alles kaufmännisches Allgemeinwissen und keinesfalls geheim.

Zum Geheimnis des Möblers wird das Kalkulationsschema erst, wenn es um diese Positionen geht:

- die Kosten der betrieblichen Infrastruktur
- die Einkaufskonditionen
- den Handelsaufschlag

Die Kosten der betrieblichen Infrastruktur, d.h. alle Aufwendungen des Möbelhändlers, die sein Geschäft in Gang setzen und in Gang halten einschließlich der Personalkosten, erwähne ich nur der Vollständigkeit halber. Näher untersuchen wollen wir das nicht.

Lassen wir hier den Möbler allein entscheiden, seine eigenen Fehler machen oder sein Genie entfalten. Was da passiert, soll er ruhig für sich behalten.

Was wir als Möbelkäufer aber aufdecken wollen, weil es unser Kaufziel direkt berührt, ist die Geheimnistuerei um die **Einkaufskonditionen** und den **Handelsaufschlag.**

Gehen wir wieder zu Uwe und Beate, dem Pärchen, welches eine Ledergarnitur „Finesse" für 2.498,00 € erstand (Ziffer 1.2.):

> Der **Selbstkostenpreis** des Möbelhändlers belief sich auf **1.876,00 €.** Bitte nehmen Sie mir diese Zahl zunächst ab, ohne dass ich sie beweisen muss. Ich kenne diesen Fall genau.
>
> Hätte der Möbler für diesen Preis verkauft, hätte er nur Geld gewechselt und nichts verdient. Er strich aber bei Uwe und Beate **622,00 €** ein.
>
> Das war doch ganz ordentlich, nicht wahr?
>
> Lieber hätte der Möbelhändler natürlich den **„empfohlenen Verkaufspreis"** des Herstellers (2.898,00 €) **erzielt und 1.022,00 € übrig behalten**.
>
> Eine solche Marge hätte in der Tat gelingen können, wenn er die Garnitur zu noch besseren Konditionen eingekauft hätte, also den **Einstandspreis** hätte weiter **drücken** können.

Sie werden vielleicht diese Zahlen bezweifeln. Ihre Zweifel werden zerstreut, wenn ich das komplizierte Geflecht um Einkaufskonditionen und Handelsaufschläge entwirrt habe.

3.3.1. Einkaufskonditionen

Wer von oben getreten wird, der tritt seinerseits kräftig nach unten. Ich sehe als oben den Kunden und als unten den Möbelhersteller an. Das sieht dann so aus:

Der **Kunde** drückt auf den Preis.

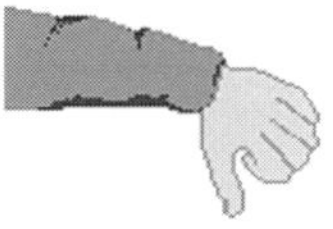

Die **Möbelhändler** wollen ihre Gewinnmarge halten. Sie drücken auf die Kosten. Ein großer Brocken davon sind die Einkaufspreise der Hersteller.

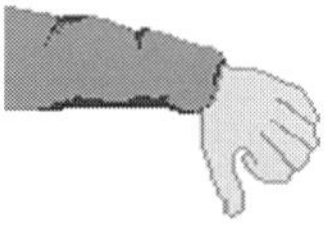

Die **Hersteller** müssen mit ihren Preisen runter.

Tun die das freiwillig? Niemals. Hier beginnt das (un)heimliche Gerangel um Konditionen.

Wir haben es selbst erlebt, als wir noch Händler waren. Zunächst wollten die Möbelfabriken immer den **Einkaufslistenpreis** (EK-Listenpreis) berechnen. Auf meine Intervention hin schickten Sie mir ihre Werksreisenden oder Handelsvertreter ins Haus.

Nun begannen zähe Verhandlungen. Wenn ich dann einen Einstandspreis erzielte nach der Formel

> EK ./. 10 ./. 5 ./. 5
> (Einkaufspreis ./. 10% Rabatt ./. darauf nochmals 5% Rabatt ./. 5% Skonto),

war für uns meistens das Ende der Fahnenstange erreicht.

Schwenken Sie mit mir an dieser Stelle noch einmal zurück zum Kaufbeispiel Polstergarnitur „Finesse“ (Ziffer 1.2.).

Ich sagte bereits, dass bei dieser Garnitur der Selbstkostenpreis eines Händlers sich auf 1.876,00 € belief und bat Sie, mir diese Zahl ohne Beweis abzunehmen. Akzeptieren Sie bitte ebenso, dass der Hersteller für diese Polstergarnitur einen Einkaufspreis (EK-Listenpreis) von 1.610,00 € angesetzt hat. Und nun sehen Sie, was der Händler an den Hersteller bezahlt, wenn er die oben genannten relativ geringen Einkaufskonditionen erhält:

Tabelle 2: Einkaufskonditionen

		Preise in Euro
Listenpreis EK		**1.610,00**
Konditionen	**10%**	**- 161,00**
		1.449,00
	5%	**- 72,45**
		1.376,55
	5% Skonto	**- 68,83**
Einstandspreis netto		**1.307,72**

Wieder Schwenk zurück zu meinen eigenen Einkäufererlebnissen. Ganz in der Nähe unseres kleinen Möbelhandels residierte der Möbelriese Mann Mobilia (Damals noch nicht Teil der Lutz-Gruppe). Dort lachte man nur über solche Einkaufskonditionen, denn seine „Prozente“ lagen beträchtlich höher.

Die Einkäufer von Mann Mobilia orderten in riesigen Auftragssummen. Sie begegneten den Herstellern also mit einer enormen Einkaufsmacht. Die besaßen wir als vergleichsweise kleiner Händler leider nicht.

Genau das ist der Punkt: **Marktmacht**.

Die Möbelhändler verschaffen sie sich, indem sie sich zu **Einkaufsverbänden** zusammenschließen.

Über die Verbände könnte man viel schreiben. Schon ihre Historie wäre ein Stück spannender Wirtschaftsgeschichte. Außerdem sind sie ständig in Bewegung: Sie zerfallen, schließen sich in anderer Konstellation wieder zusammen, setzen sich neue Ziele, ändern ihren Service für die Mitglieder, kreieren eigene Möbelmodelle, betreiben Banken zur Regulierung der Geldströme zwischen Handel und Industrie usw.

Das wichtigste aber: Sie verkörpern den Herstellern gegenüber ein **Nachfragevolumen von über 30 Milliarden Euro pro Jahr.**

Man könnte sie sortieren nach Konditionsverbänden, Modellverbänden, Marketingverbänden, Full-Service-Verbänden, Verbänden mit oder ohne zentrale Zahlungsregulierung etc.

In unserem Zusammenhang interessieren eigentlich nur diejenigen Verbände, die den Herstellern die größten Konditionen abringen. Über diese besonders stöhnen die Möbelfabrikanten, wie ich es neulich vom Geschäftsführer einem Polstermöbelherstellers hörte: „Oje, die Verbände, diese Konditionenbolzer!“

Jetzt schulde ich Ihnen ein paar Verbandsnamen, dazu einige Möbelhäuser, die jeweils Mitglieder sind:

Begros GmbH 46149 Oberhausen	Biller, Eching Sommerlad, Gießen Dodenhof, Posthausen Martin, Saarbrücken Ostermann, Witten Porta, Porta Westfalica Schaffrath, Mönchengladbach Inhofer, Senden
Atlas GmbH 45470 Mühlheim/Ruhr	Hofmeister, Bietigheim-Bissingen Segmüller, Friedberg Rogg, Balingen
Union Einkaufs-GmbH 40468 Düsseldorf	Hardeck, Bochum Wallach, Celle Maschal, Altjührden Müllerland, Görgeshausen Braun, Reutlingen

Einrichtungspartnerring VME GmbH 33699 Bielefeld	Brucker, Kall Turflon, Werl Rieger, Göppingen Smidt, Leverkusen
EMV Europa Möbel-Verbund GmbH 85777 Fahrenzhausen	Hesse, Garbsen Buhl, Fulda Borst, Ehingen/Donau

Schon wenn Sie die Namen lesen - das eine oder andere Möbelhaus ist Ihnen sicher bekannt - wird offensichtlich, dass meine oben genannten Konditionen (EK ./. 10 ./. 5 ./. 5) in ein Nichts versinken. Bei den Großen lautet die Konditionenformel mindestens EK ./. 20 ./. 10 ./. 5, wenn nicht gar mehr. **Die Polstergarnitur „Finesse“ kaufen sie höchstens für 1.080,00 € ein.** Es bleibt also festzuhalten:

> Einkaufsverbände drücken mit ihrer gebündelten Nachfragemacht die Listenpreise der Hersteller oft nahezu um **ein Drittel.**

Gibt es dann überhaupt noch Möbelhändler, die nicht einem großen Verband mit vielen Mitgliedern angehören?

Ja, die gibt es, weil sie selbst groß genug sind. IKEA und die die Lutz-Gruppe (Anfang 2015 Austritt bei der Begros) spielen ihre Einkaufsmacht solo aus. Und die Krieger-Gruppe (Möbel Höffner, Möbel Kraft), Möbel Finke und Möbel Mahler haben sich zu einer eigenen Einkaufskooperation zusammengeschlossen.

Hin und wieder haben kleinere Möbelhändler auf meine Frage, welchem Verband Sie angehören, geantwortet: „Nein. Kein Verband.“ Aber die dachten meistens schon an Abschied.

Noch eine andere Frage, die Sie vielleicht stellen, ist berechtigt: „Was ist mit den EK-Preislisten der Hersteller? Sind die nicht eigentlich Makulatur?“

Nicht ganz, wie Sie gleich sehen werden.

3.3.2. Handelsaufschlag

Auf welchen Preis wird aufgeschlagen?

Die grundsätzlich richtige Antwort, der Handelsaufschlag werde auf den Einstandspreis der Möbel geschlagen, entspricht nicht der gängigen Möblerpraxis.

Der Möbelhändler lässt nämlich den Einstandspreis, mit einem anderen Wort seine Einkaufskonditionen, bewusst außen vor, wenn er jetzt weiterrechnet. Es soll in seiner Tasche bleiben, was er dem Hersteller beim Wareneinkauf abgerungen hat.

Merken Sie etwas?

Er nimmt vielmehr die in den EK-Listen der Lieferanten aufgeführten Einkaufspreise und multipliziert sie zu den Verkaufspreisen hoch.

Meistens haben ihm die Hersteller diesen Rechenvorgang sogar abgenommen. Gleichzeitig mit den EK-Listen druckten sie **Listen mit empfohlenen Verkaufspreisen (VK-Listen).**

Die Multiplikatoren dabei sind 1,8 – 1,9 – 2,0 – 2,2 oder gar 2,5.

Das bedeutet 80 – 90 – 100 – 120 oder gar 150% Handelsaufschlag.

Ziehen Sie jetzt bitte unser oben aufgeführtes Kalkulationsschema hinzu und Sie erkennen sofort: Die individuelle Marge zwischen Selbstkostenpreis und Verkaufspreis ist meistens höher, als es der jeweilige Handelsaufschlag ausdrückt, weil die Einkaufskonditionen nicht berücksichtigt sind.

Verkürzt heißt das:

Die üblichen Handelsaufschläge verraten wenig über die individuelle Marge des Möbelhändlers. Diese liegt meist höher.

Zum Schluss noch etwas. Vielleicht haben Sie es schon erlebt, wie ein Einrichtungsberater in einem Möbelhaus in Ihrer Gegenwart den Möbelpreis ausrechnet. Beispielsweise bei einer Schrankwand, deren Einzelteile für Sie individuell zusammengestellt werden sollen.

Er blättert in einer Typenliste. Diese enthält aber keine Preise. Der Verkäufer notiert sich nur einzelne Ziffern, nämlich die so genannten **Ident-Nummern**. Dann greift er nach einer anderen Liste und ordnet den Ident-Nummern die Preise zu.

Solche Preislisten nach Ident-Nummern sind mit unterschiedlichen Handelsaufschlägen gerechnet. Je nachdem, wie der Verkäufer Sie einschätzt oder nach welchen Anweisungen er sich zu richten hat, werden Ihnen höhere oder niedrigere Verkaufspreise präsentiert. Und Sie merken es nicht einmal.

Wenn - was inzwischen in praktisch allen Möbelhäusern geschieht - der/die Einrichtungsberater/in gar nicht in Papieren blättert, sondern alles am PC macht, merken Sie erst recht nichts.

Aber was soll's! Wir zahlen den präsentierten Preis sowieso nicht.

Wir gehen jetzt auf unseren Preis los. Und der hat etwas mit dem so genannten **Hauspreis** des Möbelhändlers zu tun.

3.4. Der „magische Wert" des Möbelhändlers und sein Hauspreis

Wie Sie schon bemerkt haben, kommen bei mir zunächst immer Selbstverständlichkeiten (Binsenweisheiten), wenn ich in ein Problem einsteige. So ist es auch hier, wenn ich die Frage stelle: „Weshalb kalkuliert der Möbelhändler überhaupt?"

Eine durchaus richtige Antwort wäre: Kalkulation ist ein Rechenverfahren, um die Preise zu finden (Siehe auch Ziffer 3.3.). Es geht aber noch um etwas mehr. Der Möbler will in Zahlen fassen, was übrig bleiben **soll.** Das ist seine **Gewinnerwartung.**

Was übrig geblieben **ist**, d.h. ob man richtig kalkuliert hat, zeigt die Gewinn- und Verlustrechnung. Jetzt nennt man das **Umsatzrendite.** Ob Gewinnerwartung oder Umsatzrendite, aus unserer Sicht brauchen wir da nicht zu unterscheiden. Wir sehen uns das auch nur an, um dem Möbelhändler auf die Schliche zu kommen.

Wieder hilft uns das Kaufbeispiel Polstergarnitur „Finesse" (Ziffer 1.2.). Unsere 3 Möbelkäufer fanden anfangs für diese (identische) Ledergarnitur 3 Preise vor:

- **2.898,00 €**
- **2.798,00 €**
- **2.498,00 €.**

Der höchste Preis war wohl der **empfohlene Verkaufspreis** des Herstellers, kalkuliert mit dem üblichen **Handelsaufschlag von 80% („80er-Kalkulation"):**

EK-Listenpreis	1.610,00 €
Handelsaufschlag 80%	1.288,00 €
empfohlener Verkaufspreis	2.898,00 €

Dieser Preis war nicht marktgerecht. Unsere Händler mussten mit dem Preis runter. Denn unsere 3 Käufer zahlten:

- Beate und Uwe 2.498,00 €
- Lehrerehepaar 2.798,00 €
- mein Freund Emil 2.300,00 €

Wer vielleicht hier angefangen hat zu lesen, der wird fragen: „Ja geht denn das? Konnten das die Händler überhaupt verkraften?“

Müssten die nicht schon längst ...

... pleite sein?

Doch, das geht. Blättern Sie zurück. Unter den Stichworten Einkaufskonditionen und Handelsaufschlag (Ziffern 3.3.1. und 3.3.2.) habe ich es erläutert.

Allerdings erklärt uns das nicht, welchen Preis wir bei unserem cleveren Möbelkauf anpeilen sollen. Deshalb müssen wir uns der **Gewinnerwartung** der Möbelhändler zuwenden.

Ziehen wir wieder das Kaufbeispiel Polstergarnitur „Finesse“ heran und unterstellen wir, dass alle 3 Möbler den gleichen Selbstkostenpreis von 1.876,00 € ansetzten (siehe Ziffer 3.3.), was die Kosten der betrieblichen Infrastruktur (Selbstkosten) mit 266,00 € einschließt.

Auf dieser Basis ermittelte jeder für sich den Verkaufspreis, mit dem er seine Gewinnerwartungen realisieren wollte.

Tabelle 3: Gewinnerwartung als „magischer Wert“

Käufer	Hauspreis (VK) [Euro]	gezahlter Preis [Euro]	Gewinnerwartung [Euro]	Gewinnerwartung erfüllt zu
Beate und Uwe	2.498,00	2.498,00	622,00	100%
Lehrer-Ehepaar	2.798,00	2.798,00	922,00	100%
Freund Emil	2.498,00	2.300,00	622,00	68% (=424 €)

Bemerkung: Bei der Gewinnerwartung wurden die Selbstkosten bereits herausgerechnet

Sie fragen: **„Magischer Wert“?** Warum plötzlich dieser Begriff?

Für mich ist diese Berechnung magisch, weil etwas Wesentliches verschleiert, ja sogar weggezaubert wird: Der Geldwert der Einkaufskonditionen.

Denn die Einkaufskonditionen in unserem Beispiel schlagen mindestens mit 302,28 € plus zu Buche (Ziffer 3.3.1. Tabelle 2). Wenn wir unterstellen, dass alle 3 Möbler die Ledergarnitur demnach für 1.307,72 € einkauften, sehen wir, dass die Quote der Gewinnererwartung sehr viel höher liegt:

Tabelle 4: Gewinnerwartung bei Einkaufskonditionen

Käufer	Erz. Preis (VK) [Euro]	Real. Einkaufspreis [Euro]	Urspr. Gewinnerwartung [Euro]	Gewinnerwartung erfüllt zu
Beate und Uwe	2.498,00	1.307,72	622,00	145%
Lehrer-Ehepaar	2.798,00	1.307,72	922,00	131%
Freund Emil	2.300,00	1.307,72	622,00	117% (=726,28 €)

Mit anderen Worten und in konkreten Zahlen unseres Beispiels: Der Möbelhändler rechnet mit 622,00 € Gewinn, weiß aber, dass er bereits 568,28 € in der Tasche hat:

2.498,00 € – 1.307,72 € – 622,00 €= 568,28 €

Vorausgesetzt natürlich, er verkauft seine Polster überhaupt. Aber davon geht er und gehen auch wir aus, weil wir ja kaufen wollen.

An dieser Stelle muss ich deutlich mit dem Finger darauf zeigen:

Nur mein Freund Emil hat dem Händler etwas von diesem ernormen Gesamtgewinn abgezwackt. Die anderen Käufer waren brav. Sie begnügten sich mit dem üblichen Preisvergleich. Die Strategie des cleveren Möbelkäufers kannten sie (noch) nicht!

Ich möchte Sie jetzt nicht weiter mit Zahlen und Berechnungen bombardieren. Aber Sie ahnen bereits, was es mit den Möbelpreisen so auf sich hat. Es dürfte genügen, wenn ich generell feststelle:

Der Möbelhandel kalkuliert so, ...

... dass durchschnittlich 20% des Nettoumsatzes für ihn übrig bleiben

Das ist sein **„magischer Wert“.**

Umsatz heißt gleichzeitig auch Umsatzsteuer, die der Händler teilweise vorstrecken muss, wenn auch letztlich wir es sind, die sie endgültig zahlen.

Ich habe davon abgesehen, in unseren Beispielen die Umsatzsteuer (Mehrwertsteuer) aus den Verkaufspreisen herauszurechnen (Nettoumsatz). Es würde am Ergebnis nichts ändern.

Gut, es sind noch die Ertragssteuern zu zahlen. Aber Steuerzahler ist schließlich (fast) jeder. Das dürfen wir hier vernachlässigen.

Was ist nun mit dem **Hauspreis?** Deckt er sich mit dem „magischen Wert"?

Nach all dem bedarf es wohl keines Beweises mehr: Der Möbelhändler fährt mit seinem Hauspreis mindestens den „magischen Wert" als Ernte ein.

Doch das ist nicht alles, denn er hat ja bereits den Geldwert seiner Einkaufskonditionen im Sack.

Als Ergebnis unserer Kulissenschau filtern wir heraus:

Der Möbelhandel lebt vom **„magischen Wert"**. Das heißt, die Möbelpreise sind so kalkuliert, dass ein **Gewinn vor Steuern von +/- 20% der Verkaufserlöse** zu erwarten ist.

In absoluten Zahlen:

Bei einem Verkaufserlös von 1.000.000,00 € bleiben mindestens 200.000,00 € übrig.

Dieses Ergebnis bessert sich, wenn

- die Einkaufskonditionen günstiger liegen
- der Handelsaufschlag erhöht wird,
- die Kosten gesenkt werden können.

Der **Hauspreis** des Möblers bringt also wesentlich mehr ein als nur den „magischen Wert".

3.5. Der „Operationswert-20“ des cleveren Möbelkäufers und sein Zielpreis (Wunschpreis)

Wir wissen jetzt, wie viel der Möbelhändler für sich einsacken würde, wenn wir seinen Preis bezahlen. Wie auch immer er über Rabattjäger, clevere Möbelkäufer (und deren Ratgeber!) schimpfen mag: Wir messen ihn am „magischen Wert“.

Es ist doch ein prima Gefühl zu wissen, worauf der Andere sitzt, obwohl er zur Tarnung eine große Decke darüber geworfen hat.

Aber wohl gemerkt: Dies alles bleibt in unserem Hinterkopf. Wir reden nicht darüber, auch nicht andeutungsweise. Unsere Argumentation bei den Preisverhandlungen folgt einer anderen Strategie. Dazu mehr unter Ziffer 5.

Doch hier möchte ich einen Wert einführen, den der clevere Möbelkäufer als Rechengröße einsetzt, wenn er sein Möbelstück gefunden hat und den Preis sieht: Den **Operationswert-20.**

Was hat es damit auf sich?

Wieder soll unsere viel zitierte Polstergarnitur „Finesse“ zur Erklärung dienen (siehe Kaufbeispiel Ziffer 1.2.):

Ein Möbelhaus verlangte den „empfohlenen Verkaufspreis des Herstellers“ von 2.898,00 €. Der clevere Möbelkäufer Freund Emil (siehe Ziffer 1.4.) zahlte 2.300,00 €. Das sind 598,00 € weniger - oder minus **ca. 20%.**

Genau das ist unser Operationswert-20.

Um zu zeigen, dass es keinesfalls den Ruin des Möbelhändlers bedeutet, wenn er unserem Operationswert-20 zum Opfer fällt:

Bei dem Deal, den Emil mit der Polstergarnitur „Finesse" durchzog, blieben als „magischer Wert" 424,00 € für den Möbelhändler übrig. Das sind etwas mehr als 18% des Verkaufserlöses. Und die hier nicht berücksichtigten Einkaufskonditionen verbessern dieses Ergebnis noch. Ich meine, der Möbelhändler kann damit leben.

Außerdem muss ich daran erinnern, dass meine Rechnungen auf miesen Einkaufskonditionen und dem üblichen Handelsaufschlag von 80% basieren. Wenn man daran denkt, welche Konditionen die Möbelriesen und die Einkaufsverbände erhalten, und dass die Händler bei vielen Möbeln mit Handelsaufschlägen von 100% rechnen, ist der Operationswert-20 eine „peanut".

In unserem Beispiel Polstergruppe „Finesse" wurde der Operationswert-20 auf den **empfohlenen Verkaufspreis** angesetzt. Tatsächlich wird dieser oft auf die Preisschilder geschrieben und dann **durchgestrichen.** Darunter steht groß hervorgehoben ein oft bedeutend niedrigerer Preis: Der **Hauspreis** (siehe Ziffer 3.4.).

Das Ganze soll den Eindruck eines besonders günstigen Angebots wecken (Vorher-Nachher-Preise). Es soll signalisieren: **Hier gibt es Rabatt und Prozente.**

Eine neue Verkaufsstrategie? Sie ist nicht neu, wird aber seit einiger Zeit gerne aus der Schublade geholt und bis zum Überdruss praktiziert (siehe Ziffer 9.3.).

Deshalb rate ich, den empfohlenen Verkaufspreis zu ignorieren und den **Operationswert-20 nur auf den gängigen Marktpreis anzuwenden.**

Gängiger Marktpreis? Was ist denn nun das schon wieder?

Als **gängigen Marktpreis** bezeichne ich den **Durchschnitt der Hauspreise**, den mindestens 5 Möbelhäuser in einer Region (zum Beispiel Berlin, Ruhrgebiet, München) für ein und dasselbe Möbelstück letztlich verlangen.

„Letztlich verlangen“ soll heißen: Nach Abzug aller Preisnachlässe, die sie selbst oft unaufgefordert beziehungsweise mehr oder weniger freiwillig geben.

Habe ich Sie jetzt durcheinander gebracht?

Lassen Sie sich bitte nicht verwirren. Letztlich zählt nur ein Preis. Das ist der, den wir uns wünschen: Unser **Zielpreis.**

Auf den Punkt gebracht:

Der Operationswert-20 ist die Rechengröße des cleveren Möbelkäufers, mit der er seinen **Zielpreis** auf der Grundlage des gängigen Marktpreises ermittelt.

Zielpreis ist der Betrag, den zu zahlen der Möbelkäufer anstrebt (Wunschpreis).

Wie kommen wir jetzt zu einem konkreten Betrag, mit dem wir unseren Ziel- oder Wunschpreis errechnen?

Die simple Antwort ist: Durch Preisvergleich - aber einen „scharfen“. Denn **nur dieser führt uns zum gängigen Marktpreis**.

4. Der Preisvergleich: Nur Gleiches ist vergleichbar

4.1. „Preise sammeln“ ist noch kein Preisvergleich

Preise zu vergleichen, ist wahrlich nichts Neues. Fast jeder, der etwas kaufen will, tut es. Die Behörden tun es (Ausschreibungen), die Unternehmer tun es (z.B. Marktanalysen), Preisagenturen tun es für andere und lassen es sich gut bezahlen etc.

Wer keine Preise vergleicht, der hat es vielleicht nicht nötig oder er hat keine Lust dazu. Nun, es gibt auch ökonomische Gründe, es manchmal nicht zu tun, z.B. wenn der Aufwand (Zeit, Kosten) größer ist als eine mögliche Ersparnis. So etwas weiß man aber nur dann, wenn man den Markt genau genug kennt. Und wie hat man sich eine solche Kenntnis verschafft? Durch einen Preisvergleich in früheren Zeiten.

Also doch: Immer wieder Preisvergleich.

Selbst wenn der Möbelkäufer tatsächlich keine Lust zum Preisvergleich hätte, wird er doch mehr oder weniger sanft dazu angetrieben. Werbeslogans fordern:

> **„Kein Möbelkauf ohne Preisvergleich“**

Oder:

> **„Preise vergleichen - kein Geld verschenken“**

Oder die Geld-zurück-Masche:

> **„Wir zahlen den Kaufpreis zurück, falls dieses Möbelstück anderswo günstiger sein sollte“**
> (dann folgen noch klein gedruckte Bedingungen).

Dazu die schrillen Ankündigungen: Superpreise, Hammerpreise, Aktionspreise, und was weiß ich nicht noch alles.

Da kann selbst der arglose Möbelkäufer nicht mehr anders. Er muss mit Notizbuch und Kugelschreiber von Möbelhaus zu Möbelhaus laufen, weil er sich dumm vorkäme, wenn er nicht nachschauen und aufschreiben würde, wo die Möbel noch günstiger sind.

„O weh!“, merkt plötzlich der Möbelhändler, „Gerade das habe ich aber nicht gewollt. Dieser verdammte Preiskampf. Statt den Kunden an mich zu ziehen, treibe ich ihn zur Konkurrenz. Wie kann ich das jetzt aufhalten?“

Zu spät. Die Lawine ist bereits losgetreten.

Die Ironie dabei ist: Solch eine Suche des Möbelkäufers nach dem niedrigsten Preis i**st gar kein Preisvergleich, sondern lediglich eine Sammlung von Preisen.**

Pures „Preise sammeln“ ist es, wenn jemand loszieht, in einem Möbelhaus eine Ledergarnitur anvisiert und den Preis notiert, dann in einem anderen Möbelhaus eine Garnitur findet, von der er meint, dass es die gleiche sei und deren Preis notiert, usw.

Ich möchte solches Tun keineswegs verwerfen.

Erinnern wir uns an unser Käuferpärchen Beate und Uwe (Ziffer 1.2.). Auch da war ein „Preise sammeln“, wenngleich ihre Preisrecherche bereits weitergehende Komponenten in sich trug (z.B. die Kenntnis des Herstellers). Sie sparten beim Kauf ihrer Polstergarnitur 400,00 €.

Man kann also bei dieser Art von Preisermittlung durchaus zu einem guten Preis gelangen. Aber wohl kaum zum wirklich niedrigsten, unserem Ziel- oder Wunschpreis.

Die Möbelhändler empfinden das „Preise sammeln“ schon als schlimm genug. Aber innerlich richtig böse werden sie erst, wenn ein cleverer Möbelkäufer auftaucht und einen „scharfen“ Preisvergleich anstellt.

4.2. Der „scharfe“ Preisvergleich des cleveren Möbelkäufers

Wann ist ein Preisvergleich „scharf“?

Der Preisvergleich ist nur „scharf“, wenn wir **Gleiches mit Gleichem vergleichen.** Speziell bei Möbeln heißt dies:

- ✓ Die Möbelstücke müssen vom gleichen Hersteller stammen
- ✓ Es muss sich um das gleiche Modell (Bauweise, Design) handeln
- ✓ Es müssen in allen Teilen die gleichen Materialien verarbeitet worden sein.

Und damit kommen wir zu des Pudels Kern. Um diese „scharfen“ Punkte macht der Möbelhändler das größte Geheimnis. Gehen Sie doch einmal in ein Möbelhaus und fragen den Verkäufer: „Wer ist der Hersteller der Polstergarnitur Parma, die da hinten steht?“

Da leuchten bei ihm und erst recht beim Chef alle Warnlampen auf! Für ihn haben Sie durch diese Frage zu erkennen gegeben, dass Sie auf einen „scharfen“ Preisvergleich aus sind. Der Möbelhändler spürt schon, wie Sie an seinem Gewinn knabbern...

Dabei wollten Sie doch nur wissen, ob die Garnitur „Made in Germany“ ist...

Sie werden jetzt alle möglichen Antworten hören. Die Aussage, dass es sich um ein deutsches Qualitätsprodukt handelt, ist wahrscheinlich auch dabei.

Mir wurde sogar berichtet, dass ein Möbelhändler die Herstellerangabe mit der Begründung verweigerte, er dürfe den Namen wegen der Datenschutzgesetze nicht preisgeben!

Alles Ausflüchte ... Nebel ...

Mancher Möbelhändler wird vielleicht ganz direkt und sagt: „Sie wollen von mir die genauen Produktdaten, um dann beim Mitbewerber zu kaufen. Tut mir leid."

Im Inneren hasst der Möbelhändler den „scharfen" Preisvergleich und wird versuchen, ihn mit allen möglichen Mitteln zu sabotieren. Die Marketing-Strategen der Branche umschreiben das vornehm:

„Wir müssen unsere Möbel aus der Vergleichbarkeit nehmen."

Das kann uns jedoch nicht beirren. Wir konzentrieren uns umso mehr darauf, die Identität der Möbelstücke festzustellen. Dazu wieder ein Szenario:

> Kurt, ein gut verdienender Single, ärgert sich schon lange über das Chaos im Eingangsbereich seiner Eigentumswohnung. In der eingebauten offenen Garderobe hängen und liegen die Kleidungsstücke wild durcheinander und manche/r Besucher/in wirft einen viel sagenden Blick darauf. Ein schöner Dielenschrank würde Abhilfe schaffen!
>
> In einem Möbelhaus sieht er einen, der ihm auf Anhieb gefällt: Er ist aus Nussbaum in altdeutschem Stil gebaut, hat die richtigen Maße und kostet **1.998,00 €.** Die Modellbezeichnung lautet „N 1.25".

Am nächsten Tag arbeitet er gerade im Vorgarten, als ihm ein Zusteller das kostenlose Wochenblatt über den Zaun reicht. Dabei rutscht ein Möbelprospekt heraus. Beim Aufheben stutzt er, weil er mehrere Dielenschränke abgebildet sieht.

„Das ist doch der Dielenschrank, den ich mir gestern angeschaut habe", denkt er. Das Modell wird mit „Brabant" bezeichnet. Kurt staunt über den Preis: **998,00 €.**

Die Werbung kommt allerdings von einem anderen Möbelhaus. Kurt will es genau wissen und fährt hin.

Er findet den Dielenschrank, betrachtet ihn von weitem und von nahem, zuckt mit den Schultern und schüttelt den Kopf. Er kann keinen Unterschied erkennen. Vielleicht glänzt hier die Oberfläche etwas mehr...

Der Schrank an sich wirkt ebenso kompakt und stabil wie derjenige, den er im ersten Möbelhaus gesehen hat. Beim Öffnen der Tür reizt ein etwas scharfer Geruch Kurts Nase. War das beim anderen Schrank auch so? Er weiß es nicht mehr.

Also saust er wieder zum ersten Möbelhaus. Dort wirkt der Dielenschrank sehr elegant. Die Oberfläche ist matt, was die schöne Maserung des Nussbaumholzes besonders hervorhebt. Dem Inneren entströmt hier kein Geruch. Dieser Schrank gefällt Kurt eigentlich besser.

„Der Dielenschrank ist aber teuer", sagt Kurt zu der inzwischen herbei gekommenen Verkäuferin. Diese hebt zu einer Lobrede an: „Das ist ein Markenstück. Schauen Sie mal, das Nussbaumfurnier ist besonders ausgesucht. Dann die Verarbeitung: Das hat ..."

„Entschuldigung", unterbricht Kurt, „ich habe es eilig. Ich überlege mir das noch. Ich komme wieder." - „Aber ..." Kurt ist schon auf der Rolltreppe und winkt der Verkäuferin zu.

Kurt hat es richtig gemacht. Er wollte zuerst mit mir sprechen.

Ich hätte Kurt zu einem Qualitätstest nach unserem Muster raten können. Dabei würde sicher herauskommen, dass das um 1.000,00 € günstigere Stück von geringerer Güte ist. Selbst dann, wenn es vom gleichen Hersteller gebaut worden sein sollte. Es gibt übrigens auch die Möglichkeit, dass ein Hersteller fast übereinstimmende Möbel zu unterschiedlichen Einkaufspreisen anbietet. Die teureren für exklusive Markenhäuser, die günstigeren für andere Möbelhäuser.

Ich musste lächeln, als Kurt das mit dem Geruch erzählte. Das sollte ich vielleicht einmal zu einem Thema machen. Der richtige Riecher als Werkzeug für Qualitätsprüfungen! Ein Qualitätstest erübrigte sich also.

Da ich wusste, dass Kurt nur beste Sachen kauft, kam der Dielenschrank für 998,00 € eigentlich sowieso nicht in Frage. Das zuerst entdeckte Stück sollte es schon sein. Es galt nun herauszufinden, ob es anderswo zu einem besseren Preis angeboten wurde.

Also auf zum typischen scharfen Preisvergleich.

Ich erklärte Kurt, wie man das macht. Zuerst kommt die Identitätsbestimmung:

- ✓ Wer ist der Hersteller?
- ✓ Wie bezeichnet der Hersteller das Modell?
- ✓ Wie sind die Abmessungen?
- ✓ Wie wird das Holz beschrieben?
- ✓ Gibt es typische Merkmale?

Diese Fragen direkt zu stellen, macht den Verkäufer oder Händler misstrauisch. Die Klappe fällt zu.

Man muss einen Umweg wählen.

Nachdem wir unser Vorgehen durchgesprochen haben, suchen Kurt und ich gemeinsam das Möbelhaus auf. Die Verkäuferin erkennt Kurt wieder und weiß auch noch, dass er sich für den Dielenschrank N 1.25 interessiert.

Ich öffne den Schrank und entdecke an der Innenseite der rechten Tür unten ein Signum:

form+stil

Der Hersteller ist mir nun bekannt. Kurt versteht meinen Blick. Er hat unsere Lektion prima gelernt und fragt scheinheilig, ob das Modell in anderer Breite zu haben sei. Er verfüge über genug Platz und der Schrank könne bis zu 180 cm breit sein.

Die Verkäuferin weiß es nicht, bittet uns aber zu warten, da sie nachfragen wolle. **Wir hoffen insgeheim, dass sie mit dem Katalog des Herstellers wiederkommt.**

Leider nein. Sie kehrt ohne irgendwelche Verkaufsunterlagen zurück und sagt, dass es diesen Schrank auch noch in der Breite 175 cm gäbe.

Wir fragen jetzt, ob der denn genauso aussehe. Er müsse bestimmt höher sein, da sonst die Optik wohl nicht mehr stimmen würde. Die Verkäuferin eilt wieder davon und kehrt mit dem Katalog unterm Arm zurück. Na also!

Jetzt gilt es, ihr beim Blättern im Katalog über die Schulter zu schauen. Noch besser wäre es, wenn wir den Katalog selbst in die Hand bekommen könnten.

Das gelingt uns auch. Wir prägen uns alle Einzelheiten ein.

„Danke", sagt Kurt schließlich, „aber ich bin mir unsicher geworden. Vielleicht kommt der 125er Schrank doch besser in meiner Diele zur Geltung. Ich muss mir das zu Hause noch einmal ansehen. Seien Sie mir bitte nicht böse. Sie haben mich so gut beraten. Nochmals vielen Dank!"

So ein Charmeur, dieser Kurt. Die Verkäuferin lächelt süßsauer.

„Willst du dir die Maßangaben nicht notieren?“, schubse ich Kurt an. „Ich bin doch nicht blöd“, meckert er scheinbar ärgerlich zurück, „Aber vielleicht hast du recht.“

Die Verkäuferin leiht ihm sogar noch ihren Kugelschreiber. Kurt notiert nicht nur die Maßangaben. Also: form + stil Möbelfabriken, Arnsberg. Die bauen klasse Möbel. Richtig was für Kurt!

Anschließend sieht er sich in 3 Möbelhäusern gehobenen Genres um. Ein günstigeres Angebot findet er allerdings nicht.

Obwohl er noch weitere Möbelhändler ausfindig machen könnte, indem er sich direkt bei form + stil nach weiteren Platzierungen erkundigt, rate ich ihm, die Preisvergleichstour zu beenden. Möge er doch nun in die Kaufverhandlungen einsteigen, zuerst bei der netten Verkäuferin, und wenn nötig, auch noch anderswo.

Kurt erstand den Dielenschrank schließlich für **1.800,00 €.**

Er war bei seinem Möbelkauf vorgegangen nach der Strategie des cleveren 5-Schritte-Möbeldeals, den ich weiter unten nochmals beschreiben werde (siehe Ziffer 6.).

Die hier aufgezeigte „Methode zur Erforschung der Modellidentität“ können Sie nicht nur bei Dielenschränken, sondern auch bei allen anderen Kastenmöbeln anwenden.

Noch einmal, weil es entscheidend ist:

> Ein „scharfer“ Preisvergleich gründet sich auf die **Modellidentität**. Identisch sind Möbel dann, wenn der gleiche Hersteller das gleiche Modell mit den gleichen Materialien gebaut hat.

Wir haben es also manchmal mit richtiger Detektivarbeit zu tun. Der Ermittlungskreativität sind keine Grenzen gesetzt. Wollten Sie nicht schon immer Detektiv werden?

4.3. Der Möbelkäufer als Detektiv

Ein Detektiv erreicht nur dann sein Ziel, ...

... wenn man ihn nicht als solchen erkennt!

Für den „scharfen" Preisermittler gilt das Gleiche.

Oberstes Gebot ist undercovering.

Wecken Sie zuerst den Beratungsinstinkt des Verkäufers („Ach, ich hab ja so wenig Ahnung!") und spielen Sie die Rolle des unwissenden Kunden, der wirklich kaufen will. Erzählen Sie z.B., warum Sie das Möbel kaufen und wo Sie es in Ihrer Wohnung aufstellen wollen.

Fragen müssen Sie laienhaft und überzeugend stellen! Verwenden Sie dabei keine Spezialbegriffe, denn dadurch verraten Sie, dass Sie etwas wissen.

Als Vorarbeit kann folgendes hilfreich sein:

Suchen Sie in den Zeitungsanzeigen, Streuprospekten oder sonstigen Veröffentlichungen nach

- Herstellernamen
- Herstellersignets
- Markenzeichen

In den Möbelhäusern ermitteln Sie dann weiter:

Suchen Sie nach Signets, Aufklebern oder Beschriftungen an Türen, in Schubläden, an Konstruktionsteilen, an Seitenwänden, an Rückwänden etc.

Schauen Sie besonders in Schubläden und Fächern nach: Oft liegen hier irgendwelche **Prospekte, Montageanleitungen und Beschlagbeutel** mit der Bezeichnung bzw. dem Logo des Herstellers.

Kaum zu glauben, aber ich habe dort sogar schon Lieferscheine gefunden!

Wenn die Identität des Kastenmöbelstücks jetzt noch nicht eindeutig geklärt ist, dann tun Sie folgendes:

Veranlassen Sie das Verkaufspersonal durch geschickte Gesprächsführung, die **Verkaufsunterlagen (Kataloge)** herzuholen. Das tun sie meistens, wenn Sie nach machbaren Veränderungen fragen, z.B. nach

- anderen Maßen
- anderen Zusammenstellungen (z.B. bei Schrankwänden „Glastür rechts statt links", „Fernsehteil versetzt" oder „Schübe statt Türen")
- weiterem Zubehör.

Und immer wollen Sie die Änderungen sehen, zumindest auf einer Abbildung (Begründung: Sie können es sich sonst nicht vorstellen). Schauen Sie dann den Verkäufern über die Schulter oder versuchen Sie, die Kataloge selbst in die Hand zu bekommen. Sie enthalten, was Sie wissen wollen.

Bei **Polstermöbeln**, oder weiter gefasst, bei allen Möbeln mit Stoff- oder Lederverarbeitung genügt es oft, wenn Sie sich auf einen einzigen Ansatzpunkt konzentrieren: Den Bezug.

> Bei Polstermöbeln geben die **Stoffkollektionen** die gewünschten Informationen. Es sind meist umfangreiche Kataloge, oft sogar eine Art Servierwagen mit schön geordneten Stoffmustern.
>
> Hier finden Sie die Herstellerangaben, insbesondere auch die genaue Bezeichnung des Bezuges, ohne den ein Vergleich nicht möglich ist.
>
> Wichtig ist, dass Sie eine Originalkollektion in die Hand bekommen. Zumindest einen Blick sollten Sie darauf werfen können. Oft werden einzelne Muster (Stofffetzen) an den Polstern ausgelegt. Diese verraten aber meistens nichts.
>
> Fragen Sie das Verkaufspersonal, ob es die Garnitur noch in einem anderen Bezug gibt, weil Ihnen dieser oder auch die anderen ausliegenden Muster nicht gefallen.
>
> Oder Sie möchten wissen, aus welchen Materialien der Bezug besteht und deshalb gerne die Beschreibung sehen. Meistens bringt man Ihnen dann die Kollektion und Sie können darin forschen.

Natürlich können Sie trotz allem nach wie vor direkt fragen. Doch Vorsicht, wenn der Möbelhändler alles detailliert beantwortet. Dann wähnt er sich nämlich sicher, dass seine Möbel aus der Vergleichbarkeit raus sind.

Ferner gibt es inzwischen eine so genannte neue Offenheit dem vergleichenden Kunden gegenüber. Die Logos und Namen von Herstellern werden in den Ausstellungen mehr oder weniger deutlich präsentiert:

Zum Beispiel bei Polstermöbeln die Hersteller Himolla, Machalke, Koinor, Ewald Schillig und Willi Schillig; bei Kastenmöbeln die Hersteller Wöstmann, Voglauer, Hülsta, Kerkhoff, Hartmann, Loddenkemper und Thielemeyer; bei Esszimmermöbeln die Hersteller Venjakob und Wössner.

Auch hier wähnen sich die Händler sicher, dass ihnen der Preisvergleich eines Kunden kaum schadet. Denn diese Hersteller möchten ihre Modelle als Markenmöbel im Markt einnisten. Und das kann nicht gelingen, wenn man sich mit Heimlichkeiten umgibt (siehe Ziffer 7.).

Für uns bleibt es dennoch dabei: Um unseren Zielpreis zu erreichen, müssen wir nach wie vor Detektiv spielen!

Wenn Sie nunmehr wissen, wer der Hersteller ist, finden Sie auch heraus, wer seine Partner im Handel sind. Sie rufen den Hersteller an oder senden ein Telefax oder schauen auf die Homepage im Internet und fragen per E-Mail an. So erfahren Sie schnell, wer das Wunschmöbel vor Ort verkauft.

Mit diesen Infos kann die Vergleichstour beginnen. Grasen Sie die Möbelhäuser ab, um identische Stücke zu finden. Auch das Internet hilft dabei (siehe Ziffer 8.).

Die Herstellerrecherche und der „scharfe“ Preisvergleich werden für Sie Erstaunliches zutage bringen:

Die Preise für ein und dasselbe Möbelstück schwanken oft beträchtlich.

Doch damit noch lange nicht genug. Für den cleveren Möbelkäufer fängt das Spiel jetzt erst richtig an!

5. Den Wunschpreis (Zielpreis) im Visier

Selbstredend haben wir alle den Wunsch, beim Möbelkauf möglichst den niedrigsten Preis zu zahlen. Ob der Preis niedrig ist, der gerade verlangt wird, weiß der Käufer allerdings oft nicht. Er fragt nach. Und genau das ist in meinen Augen das übliche Feilschen: Es ist ein Versuch, einige Prozente herauszuschinden.

Meistens beginnt das Feilschen mit den Worten:

„Ist beim Preis noch was drin?“ Oder:

„Wie viel Rabatt geben Sie mir?“ Oder:

„Am Preis müssen Sie aber noch etwas tun.“ Oder:

„Da haben Sie doch sicher noch Spielraum!“ Oder ... oder ...

Die Möbelhändler haben sich längst darauf eingestellt. Dabei erkenne ich 2 Strategien:

Entweder

haben die Möbler ihr Verkaufspersonal auf Abwehr getrimmt. Allenfalls dürfen sie ein paar kleine Prozente gewähren. Das Feilschergebnis bleibt für den Möbelkäufer meistens recht mager. „Ist halt nicht mehr drin. Ein Schnäppchen scheint es dennoch zu sein!“, denkt er und unterschreibt den Kaufvertrag.

Oder

die Möbler gehen gar in die Offensive. Sie bieten von sich aus jede Menge Rabatt. Einmal werben sie öffentlich mit hohen Prozenten. Zum anderen werden die Kunden bei Verkaufsgesprächen damit überrascht, dass die Verkäufer/innen leichthin Prozente anbieten. Einfach so und manchmal ungefragt. Wer traut sich da noch zu feilschen?

Auf die Rabattstrategien des Möbelhandels werde ich noch zu sprechen kommen (siehe Ziffer 9.). An dieser Stelle nur so viel:

Für die meisten Möbelhändler ist das auf diese Weise erzielte Ergebnis durchaus akzeptabel. Die Marge, so nennen die Möbler das, was übrig bleibt, wird nicht wirklich angekratzt, weil sie nach dem alten Spruch handelten:

> **Rabatt, Rabatt, das lass Dir sagen,**
> **wird immer vorher drauf geschlagen!**

Der clevere Möbelkäufer geht deshalb ganz anders vor. **Er feilscht nicht.** Nein, er hat seinen **Zielpreis im Visier** und gibt ihn in Euro und Cent vor. **Über diesen Betrag wird verhandelt,** mag das dem Möbelhändler gefallen oder nicht.

> Nochmals zur Erinnerung: Der Zielpreis wird nicht aus der Luft gegriffen, sondern es werden die Hauspreise von mindestens 5 Möbelhändlern ermittelt und daraus ein Durchschnittspreis errechnet (gängiger Marktpreis). Darauf wird der Operationswert-20 angewendet (Ziffer 3.5.).

Die Zeit ist da, in der Möbelkäufer den Möbelpreis direkt mitgestalten. Ganz in diesem Sinne schrieb mir ein Leser:

> „(...) das Buch ist wirklich sein Geld wert. Ohne die Kenntnis über die Möbelbranche und seine Kalkulationen hätte ich nie den Mut und die Gewissheit gehabt, bei meinem kürzlich erfolgreich durchgeführten Möbelkauf wirklich gut sparen zu können.
>
> Es hat mich doch sehr verwundert anzuschauen, wie sich die Möbelhäuser (allen voran das Möbelhaus S. in F.) winden.
>
> Zuerst hielt mir der Verkäufer eine ‚Standpauke', dass meine Preisforderung utopisch sei. Dann wollte man mich mit 25,00 € Preisnachlass und einem Essensgutschein für das hauseigene Restaurant ‚abspeisen'. Hätte ich es aus Ihrem Buch nicht besser gewusst, ich wäre wahrscheinlich nicht so cool geblieben.
>
> Was ich allerdings herausgefunden habe: Es reicht nicht, die niedrigeren Preise des Konkurrenten zu nennen und zu hoffen, daraufhin satte Rabatte einstreichen zu können.

Die Realität zeigt, dass der Konkurrenzpreis mitgemacht wird und nur weitere ‚magere' 3% Rabatt zugelegt werden.

Wer wirklich die Preise nach unten treiben will, muss dann eben etwas frecher sein und seinen Wunschpreis selbst bestimmen. Auf einen Versuch kommt es ja an. Und Möbelhäuser in der Region finden sich immer, die den Druck haben, verkaufen zu müssen.

Alles in allem habe ich vom günstigsten ausgehängten Preis 220,00 € eingespart (9%). Gegenüber dem Preis des teuersten Anbieters waren das 20%. Die ‚unverbindliche Preisempfehlung' wurde gar um ca. 39% unterschritten. Vielleicht wäre auch mehr drin gewesen (...)"

Ich möchte die Erfahrungen des Lesers auf den Punkt bringen:

Bei den Preisverhandlungen soll man

- ✓ immer den konkreten Betrag **(Zielpreis)** nennen, zu dem man kaufen würde.
- ✓ nicht erwarten, dass der Möbelhändler bereits beim ersten Gespräch auf die Forderung eingeht.
- ✓ denjenigen Möbelhändler links liegen lassen, der partout nicht will. Irgendein anderer will bestimmt.

Der Möbler wird auf unser Verhandlungsangebot aller Voraussicht nach als Erstes empört reagieren. Denn er ist gewohnt, dass sein Preis Gesetz (Diktat) ist. Was er mit uns erlebt, kennt er bisher noch nicht. Das muss er erst verkraften.

Übrigens: Der Möbelhändler verhandelt auch über den Preis, wenn er seine Möbel einkauft. Und er geht dabei oft hart zur Sache. Die Hersteller könnten ein Lied davon singen!

Wie bei allen Verhandlungen, muss man auch bei Preisverhandlungen manchmal Zugeständnisse machen.

Betrachten Sie deshalb den Zielpreis als **Maximalforderung**, die vielleicht nicht ganz erreicht werden kann.

Hilfreich ist bei diesem Spiel, die Position des Händlers auszuloten. Dazu stellt man zum geeigneten Zeitpunkt am besten die Frage: „Wenn Sie meinen Preis nicht akzeptieren wollen, was wäre denn Ihr Preis?"

Aus seiner Antwort können Sie entnehmen, ob er bereits beginnt, weich zu werden, oder ob er tatsächlich ein „harter Brocken" bleibt.

Ein „harter Brocken" müssen auf jeden Fall Sie selbst bleiben. Glauben Sie mir: **Ihnen entgeht nichts!** Ihr Wunschmöbel gibt es wahrlich nicht nur einmal. Und der Möbler, mit dem Sie gerade verhandeln, ist nicht der einzige, der es Ihnen verkaufen will.

Ziehen Sie alle Register eines zähen, erfolgreichen Verhandlungspartners. Die wichtigsten Regeln sind:

- ✓ Der Möbler muss merken, dass es **kein Bluff** ist, was Sie ihm sagen.
- ✓ Ihr bestes Argument ist immer der niedrigere Preis des Mitbewerbers. Aber verraten Sie nicht den Namen des Händlers, der Ihnen bereits den niedrigeren Preis geboten hat.
- ✓ Der Möbler darf nie den Eindruck gewinnen, dass Sie das Möbelstück unbedingt haben wollen.
- ✓ Verlangen Sie nach dem wirklichen Entscheidungsträger, dem Chef.
- ✓ Wenn es sich um eine Gesamtbeschaffung mehrerer Möbelstücke handelt, schlagen Sie vor, den Kauf aufzuteilen und dasjenige Möbelstück bei ihm zu ordern, das Ihrem Einzelpreis entspricht.

Diese Verhandlungstaktiken und ihre Variationen, die inzwischen zigtausend-fach erprobt wurden, sollen nur Beispiele sein. Entwickeln Sie für sich weitere. Ihrer Kreativität sind keine Grenzen gesetzt. Ich prophezeie Ihnen: Es wird Spaß machen. Das beweisen mir zahlreiche Leserzuschriften.

6. Der clevere 5-Schritte-Möbeldeal

Was Sie über Preise und Preisverhandlungen bisher gelesen haben, möchte ich zur griffigen Kurzformel zusammenfassen.

Weil beim cleveren Möbelkauf im Wesentlichen 5 Aktionen ablaufen, nenne ich das den **5-Schritte-Möbeldeal**:

1. Schritt:	Hersteller herausfinden.
2. Schritt:	Beim Hersteller nach den Möbelhändlern fragen.
3. Schritt:	Bei den Möbelhändlern die Hauspreise ermitteln und daraus den gängigen Marktpreis errechnen.
4. Schritt:	Auf den gängigen Marktpreis den Operationswert-20 anwenden und so den Zielpreis errechnen.
5. Schritt:	Bei den Möbelhändlern über den Zielpreis verhandeln. Also: Preismitgestaltung statt Preisdiktat.

Wer den **5-Schritte-Möbeldeal** konsequent praktiziert, wird bei seinem Möbelkauf überdurchschnittlich viel sparen.

Sie glauben das nicht? Vielleicht glauben Sie meinen Lesern. Ich lasse hier einen zu Wort kommen und er ist nicht mein einziger Zeuge (siehe auch Ziffer 5.). Ich gebe etwas gekürzt seine E-Mail wieder:

> „(…) Ich möchte gerne ein Feedback zu Ihrem Buch geben.
>
> Wir suchten einen neuen Kleiderschrank. Der uns gefiel, war das Modell Columbus. Wir fanden heraus, dass der Hersteller Nolte heißt.
>
> Nach einer ersten naiven Preisanfrage in einem großen Möbelhaus in Eschborn bekamen wir einen Schock. Satte 4.500,00 €

wollte man von uns haben, räumte jedoch gnädigerweise 10% Rabatt ein. Zu diesem Zeitpunkt hatten wir Ihr Buch noch nicht.

Nachdem wir davon erfahren und es gelesen hatten, holten wir insgesamt 8 Angebote ein und errechneten unsere Preisvorstellung. Wir gingen zum bisher günstigsten Anbieter und signalisierten unser Interesse am Kauf deutlich, jedoch nannten wir auch unsere Preisvorstellung.

Nach einigen Minuten der internen Absprache des Möbelverkäufers mit seinem Chef kam er mit der Antwort zurück, die wir gerne hörten: ‚Ok, wir geben Ihnen den Schrank für 2.350,00 €. Mehr geht nicht.'

Wir willigten ein und waren sicher, einen guten und fairen Preis erreicht zu haben. Denn für den absolut identischen Artikel waren uns Angebote von 2.600,00 bis 4.500,00 € unterbreitet worden.

Gekauft haben wir nun für 2.350,00 € inklusive Lieferung und Aufbau bei einem kleineren lokalen Möbelhaus, das einer Einkaufsgemeinschaft angehört, was mir der Chef nach Kaufabschluss bereitwillig erklärte.

Ob noch mehr drin gewesen wäre, wissen wir nicht, hatten jedoch den Eindruck, dass ein beiderseits vertretbares Limit erreicht war.

Fazit: Ihr Buch war eine lohnende Investition und dafür möchten wir Ihnen danken! Besser fände ich es aber, ohne diese Tricks einkaufen zu können und das Gefühl zu haben, fair beraten und faire Angebote bekommen zu können, was aber wohl leider Utopie bleibt."

Wenn Sie Ihren Erfolg mit dem 5-Schritte-Möbeldeal maximieren möchten, sollten Sie allerdings noch einen weiteren Punkt berücksichtigen: Den Zeitpunkt Ihres Möbelkaufs.

6.1. So holen Sie das Maximum heraus

Ich habe 10 große Möbelhäuser repräsentativ ausgewählt und deren monatliche Besucherfrequenz sowie deren monatliche Umsätze der letzten 10 vergangenen Jahre ausgewertet. Das Ergebnis zeigt folgendes Diagramm:

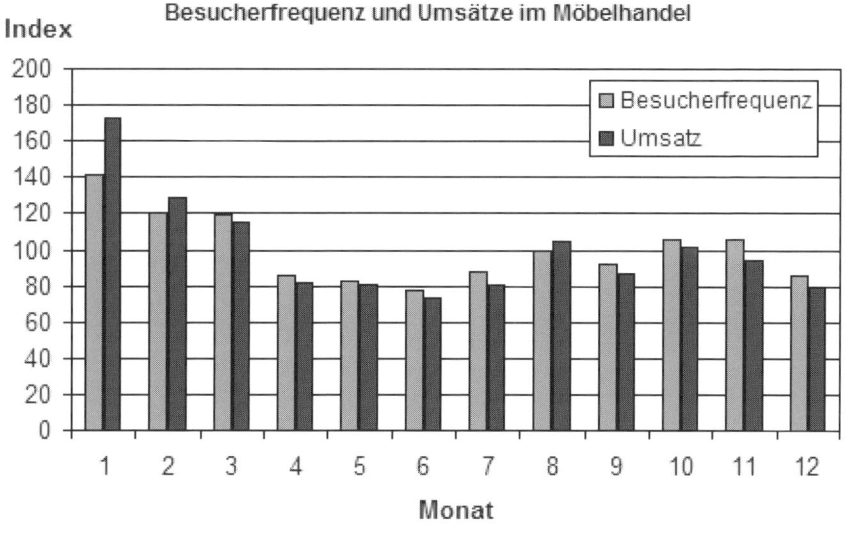

Sie erkennen deutlich, dass in den Monaten April bis Juni die wenigsten Besucher den Weg in die Ausstellungen der Möbelhäuser finden und dementsprechend die geringsten Umsätze getätigt werden.

Das ist durchaus plausibel. Nach der langen, kalten Jahreszeit ist man lieber wieder mehr draußen an der frischen Luft. Den eigenen 4 Wänden und der Einrichtung wird weniger Aufmerksamkeit geschenkt. Um das durchgesessene Sofa oder um das ausgeleierte Scharnier der Schlafzimmerschranktür kann man sich ja später noch kümmern … Kurzum: Wer nicht unbedingt muss, kauft im Frühjahr keine Möbel.

In den letzten Novembertagen und vor allem in der Adventszeit ist ebenfalls nicht viel los. Neue Möbel stehen selten auf dem Wunschzettel und schon gar nicht unter dem Weihnachtsbaum. Denn wer zu dieser Zeit bestellt, erhält die Lieferung mit ziemlicher Sicherheit erst nach dem Fest. „Warum also nicht gleich bis nach Weihnachten mit dem Kauf warten?“, denkt sich der Kunde.

Völlig anders sieht es ab dem ersten Werktag nach dem Weihnachtsfest aus. Der Möbelhandel explodiert regelrecht. Klar, denn Omas willkommenes Geldgeschenk soll rasch in die neue Einrichtung umgemünzt werden. Auch in den ersten Januartagen muss man oft schon früh dran sein, um überhaupt noch einen freien Parkplatz vor Deutschlands Möbelpalästen zu ergattern. Dieses „Winter-Möbelhoch“ hält sich etwa bis Mitte/Ende März und wandelt sich dann abrupt wieder in das „Frühlings-Möbeltief“.

Bei diesem jährlichen, wellenförmigen Auf und Ab gibt es eine Unregelmäßigkeit: Den August. Er ist in der Regel einer der umsatzstärksten Monate. Das liegt wohl daran, dass fast überall Schulferien sind, die Leute Urlaub und Zeit haben und der eine oder andere sein Geld statt in eine Reise lieber in eine neue Polstergarnitur investiert. Mein Tipp lautet daher:

Kaufen Sie entgegen dem allgemeinen Trend.

Bevorzugen Sie die Frühlingsmonate und die Wochen vor dem Weihnachtsfest. Weil zu diesen Zeiten die Möbelhäuser oft gähnend leer sind, ist der Chef für jeden Auftrag dankbar und Sie können höhere Preiszugeständnisse erwarten als sonst.

Meiden Sie die Tage zwischen Weihnachten und Neujahr und den Januar. Hier kann es vorkommen, dass Sie bei den Verkäufern bzw. beim Chef mit Ihrem Zielpreis auf taube Ohren stoßen. Denn gleich neben Ihnen im Gedränge steht bereits der nächste Kunde, der den geforderten Preis ohne Murren bezahlt.

Nun gibt es aber auch Bereiche in der Möbelbranche, in denen der 5-Schritte-Möbeldeal relativiert werden muss. Darauf komme ich im Folgenden.

7. Markenmöbel und Designermöbel: Ist das was Besonderes?

„Das ist ein Markenmöbel", hatte die Verkäuferin zu meinem Freund Kurt gesagt, als sie vor dem Dielenschrank standen, der ihm so gut gefiel (Ziffer 4.2.). Mit diesem Argument wollte sie die Forderung nach einem niedrigeren Preis abblocken.

In der Tat scheint es in das Bewusstsein der Verbraucher eingegraben zu sein: Für eine Marke muss man mehr bezahlen und man darf am Preis nicht rütteln. Na, das muss uns doch stutzig machen.

Ist das die Besonderheit der Markenmöbel? Wie kommt es in der Möbelbranche überhaupt zu einer Marke?

Vereinfacht gesagt, ist eine Marke nichts anderes als das Ergebnis groß angelegter, dauerhafter Werbeanstrengungen. Dem Kunden wird ein Möbelmodell oder eine Modellpalette durch Werbung so eingehämmert, dass er so etwas gerne haben möchte. Und wenn er einmal gekauft hat, soll er beim nächsten Kauf wieder nach Modellen aus dieser Produktion verlangen.

Natürlich müssen solche Möbel auch den geweckten Erwartungen entsprechen. Deshalb sind intensive Produkt- und Modellpflege, besondere Qualitätskontrollen, Garantien usw. unerlässlich.

Ist ein Möbelmodell - oft von namhaften Designer/inne/n entworfen - erst einmal zur Marke geworden, streicht der Möbelhändler, der es führt (führen darf!), einen satten Gewinn ein.

Das Gleiche gilt für Möbler, die klassische Designerstücke verkaufen. Ich verwende bewusst das Wort Stück, um damit den Unterschied zum Markenmöbel herauszustellen.

Es handelt sich meistens um einzelne Möbel, die vor Zeiten von inzwischen berühmten Designern gestaltet wurden. Eine originäre Produktion allerdings findet nicht mehr statt. Auch darin unterscheiden sie sich von Markenmöbeln.

Die Beliebtheit der Designerstücke ist von Dauer, ja sie steigt, je mehr Zeit vergeht. Um einen Vergleich aus der Automobilbranche heranzuziehen: Sie besitzen den Charme von Oldtimern. Designermöbel sind also durchweg die Klassiker des Möbelbaus und sie erfreuen sich neuerdings wieder steigender Nachfrage.

„Da kann man durchaus ein bisschen mehr Geld fordern", meinen die Marketingstrategen. Nicht von uns. Wir werden die satten Gewinne aus diesem Geschäft etwas anknabbern.

Aber es wird schwieriger, wie Sie gleich sehen werden.

Zunächst sollen Sie jedoch die wichtigsten Marken- und Herstellernamen, die Ihnen in der Möbellandschaft begegnen können, kennen lernen. Ich ordne sie zudem in Preissegmente (Ziffer 3.1.) ein.

Ich muss dazu erwähnen, dass ich die Auswahl subjektiv, also aus meiner Erfahrung und Kenntnis der Dinge heraus, vorgenommen habe. Andere Branchenkenner würden sicherlich eine jeweils leicht abweichende Liste aufstellen, d.h. den einen oder anderen Hersteller nicht als Marke betrachten oder weitere Namen nennen. Meine Aufzählung erhebt folglich keinen Anspruch auf Vollständigkeit.

Ich betone außerdem, dass ein Teil der aufgeführten Markenhersteller Produktreihen in 2 oder sogar 3 Preissegmenten anbietet. Meine Einordnung ist also insoweit nur als grobe Orientierung zu verstehen.

Sie sollten aus der Einordnung in Preissegmente selbstverständlich auch keinerlei Rückschlüsse auf die Möbelqualität ziehen. Diese muss immer im Einzelfall geprüft werden. Doch das wissen Sie ja bereits (Ziffer 2.1.).

7.1. Markenhersteller

Als erstes nenne ich Ihnen diejenigen Möbelhersteller, die sich als solche zur Marke entwickelt haben. Meistens ist es die gesamte Fabrikation mit allen Produktreihen, denen Markenqualität bzw. Markenstatus zugeschrieben wird.

5 = oberstes Preissegment
4 = gehobenes Preissegment
3 = mittleres Preissegment
2 = unteres Preissegment
1 = Niedrigpreissegment

Designmöbel

Cassina SPA, I-20036 Meda (CO)	5
Fraubrunnen AG, CH-3312 Fraubrunnen / Bern	4
Kröncke Interior Design GmbH, 80538 München	5

Esszimmermöbel, Tische und Stühle

Alfons Venjakob GmbH, 33335 Gütersloh	4
Deelmann Möbelwerk GmbH, 46354 Südlohn	4
Ronald Schmitt Design GmbH, 69412 Eberbach	5
Schösswender Möbel GmbH, A-5131 Franking	4
Gebrüder Thonet GmbH, 35066 Frankenberg/Eder	5
Wössner GmbH, 72172 Sulz/Neckar	3

Kastenmöbel - Wohnraum

Gwinner Wohndesign GmbH, 72285 Pfalzgrafenweiler	4
Möbelwerk Trüggelmann GmbH, 33689 Bielefeld	5
Möbelwerke A. Decker GmbH, 34434 Borgentreich	4
Paschen & Companie GmbH, 59329 Wadersloh	5
Thielemeyer GmbH, 33129 Delbrück-Westenholz	3
Hartmann Möbelwerke GmbH, 48361 Beelen	4
Holtkamp GmbH, 49324 Melle	3

Kindermöbel

Paidi Möbel GmbH, 97840 Hafenlohr	4
moll Funktionsmöbel GmbH, 73344 Gruibingen	4

Polstermöbel

ADA Möbelfabrik GmbH, A-8184 Baierdorf	3
Bretz Wohnträume GmbH, 55457 Gensingen	3
Brühl & Sippold GmbH, 95138 Bad Steben	4
BW H. Anstoetz Polstermöbelfabrik KG, 33719 Bielefeld	5
Cor Sitzmöbel Helmut Lübke GmbH, 33378 Rheda-Wiedenbrück	5
de Sede AG, CH-5313 Klingnau	5
Ekornes ASA, N-6222 Ikornnes	4
Erpo Möbelwerk GmbH, 88521 Ertingen	4
Ewald Schillig GmbH, 96237 Ebersdorf	3
Frommholz Polstermöbel GmbH, 32139 Spenge	4
Gepade Polstermöbel GmbH	4
Himolla Polstermöbel GmbH, 84416 Taufkirchen/Vils	3
Hjellegjerde Mobler AS, N-6230 Sykkylven	4
Jori NV, B-8940 Wervik	3
Koinor Polstermöbel GmbH, 96247 Michelau	4
Leolux Möbelfabrik GmbH, 47800 Krefeld	5
Machalke GmbH, 96272 Hochstadt	4
Nieri SPA, I-51039 Quarrata (PT)	4
Natuzzi Industrie SPA, I-70029 Santeramo in Colle (BA)	4
Polipol Polstermöbel GmbH, 32369 Rahden	2
Rolf Benz AG, 72202 Nagold	4
Werther - Die Möbelmanufaktur Oberwelland GmbH, 33824 Werther	5
Willi Schillig Polstermöbelwerke GmbH, 96237 Ebersdorf	3

Wasserbetten

Kallisto GmbH, 72202 Nagold	5
RWM Wasserbetten GmbH, 82140 Olching	4
Vontana Industrie GmbH, 45739 Oer-Erkenschwick	5

Schlafzimmermöbel und Matratzen

Disselkamp Schlafraumsysteme GmbH, 33434 Herzebrock-Clarholz	4
Nolte-Möbel GmbH, 76725 Germersheim	3
Loddenkemper GmbH & Co. KG, 59302 Oelde	4
Rauch Möbelwerke GmbH, 97893 Freudenberg/Main	3
Ruf-Bett International GmbH, 76437 Rastatt	4
Martin Staud GmbH & Co. KG Möbelwerk, 88348 Bad Saulgau	4
Tempur Deutschland GmbH, 33803 Steinhagen	5
Treca GmbH, 79001 Freiburg	5
Wackenhut GmbH, 72213 Altensteig	4

Möbel - Allrounder

Anrei-Reisinger GmbH, A-4363 Pabneukirchen	4
Arte M GmbH, 78713 Schramberg	2
B&B Italia SPA, I-22060 Novedrate (CO)	4
CS Schmalmöbel GmbH, 66914 Waldmohr	2
Finkeldei GmbH, 33039 Nieheim	5
hülsta-werke Hüls GmbH & Co. KG, 48703 Stadtlohn	4
Lübke GmbH, 33378 Rheda-Wiedenbrück	5
NW Wöstmann Markenmöbel GmbH, 33330 Gütersloh	4
Roset Möbel GmbH, 79194 Gundelfingen	3
Selva AG, I-39100 Bozen	4
Team 7 Natürlich Wohnen GmbH, A-4910 Ried im Innkreis	4
Voglauer Möbel GmbH, A-5441 Abtenau	4

Zu all diesen Marken möchte ich Ihnen einen besonderen Hinweis geben:

Einige Markenhersteller umgehen den Möbelhandel und verkaufen direkt ab Werk an jedermann. In meinem digitalen Buch (eBook) **„Fabrikverkauf für Möbel“** habe ich sie aufgelistet. Gleichzeitig erläutere ich darin, was zu beachten ist, denn „direkt ab Werk“ oder „Fabrikverkauf“ sind keinesfalls mit „günstig“ gleichzusetzen!

7.2. Handelsmarken

Waren bis vor wenigen Jahren in den Ausstellungen der Möbelhäuser kaum Herstellernamen zu lesen, so wird heute mit diesen sogar mächtig die Werbetrommel gerührt. Die Branche reagiert damit auf das gestiegene Markenbewusstsein des Verbrauchers. Denn der will keine Noname sondern Markenprodukte kaufen - auch bei Möbeln.

Die Folgen sind fatal: Durch das Preisgeben des Herstellers sind Vergleiche einfacher geworden. Dem Möbelkäufer bleibt so manche Detektivarbeit erspart.

Hinzu kommt, dass heute deutlich mehr Kunden als früher von Anbieter zu Anbieter laufen und vergleichen. Die Konsequenz dieser Entwicklung ist ein fast schon als ruinös zu bezeichnender Preiskampf unter den Händlern.

Eine Wunderwaffe gegen diese „Missstände“ heißt **Handelsmarke** (Eigenmarke, Private Label). Durch ihr Abfeuern gelingt es den Möblern, die eigenen Taschen wieder besser zu füllen, und das „Vergleichen wollen“ der Möbelkäufer bereits im Keim zu ersticken.

Was und wer stecken dahinter? Wie funktioniert das?

7.2.1. Die Handelsmarken der Modellverbände

Wer sich auf dem Möbelmarkt umschaut, stößt recht schnell auf den Namen **Musterring**. In den meist größeren Möbelhäusern weisen Schilder und Poster mit klassischer Schrift und einem auffälligen, in sich verschlungenen „M“ den Weg in bestimmte Ausstellungsbereiche.

Möbel in schönem Design für viele Wohnzwecke stehen hier: Schlafzimmer, Esszimmer, Polstermöbel, Jugendzimmer-Appartements und außerdem noch Küchen. Jedes Modell erweckt den Eindruck hoher Qualität. Alle Modellbezeichnungen beginnen mit MR ... soundso. Die Preise sind saftig.

Tatsächlich hat Musterring es geschafft, bei den Möbelkunden als Marke zu gelten. Möbelarchitekt Josef Höner, der Musterring bereits 1938 gegründet hatte, brachte einige Möbelhersteller dazu, eine spezielle Möbelkollektion ausschließlich für ihn zu produzieren. Gleichzeitig suchte er nach Möbelhäusern, die exklusiv den Verkauf übernahmen. Musterring ist also kein Hersteller, sondern ein **Modellverband**.

Dieses Vertriebssystem funktionierte bestens, denn die Händler erkannten schnell, welchen besonderen Vorteil ihnen die exklusive Vermarktung bot: Auf diese Weise gelang und gelingt es, die Preise überall gleich hoch zu halten. Ein Preisvergleich zeigt oft: Die Händler üben sich weitgehend in Preisdisziplin.

Doch es gibt Schlupflöcher, die noch nicht einmal von der Käuferseite her, sondern von den Herstellern aufgerissen werden. Es gibt in der Tat Hersteller, die zwar für Musterring produzieren, jedoch davon alleine kaum existieren können. Sie müssen versuchen, auch im allgemeinen Handel Fuß zu fassen.

Am leichtesten funktioniert das, wenn ein Musterring-Modell gut läuft, der Markt es also angenommen hat. Der Hersteller wandelt dieses Modell leicht ab, nimmt ihm gewissermaßen die Musterring-Exklusivität, und überlässt es dem allgemeinen Möbelhandel zu einem niedrigeren Preis. Das ärgert Musterring, es kann aber kaum etwas dagegen machen, weil es eben kein Musterring-Modell mehr ist.

Die **Abwandlungen** sind nur für den Profi erkennbar: Hier eine andere Lisene, da ein anderer Türgriff usw. So kann es vorkommen, dass ein Musterring-Käufer bei Bekannten z.B. die „gleiche“ Schrankwand sieht. Die haben sie aber gar nicht von Musterring gekauft und deshalb viel weniger bezahlt. Wenn Ihnen ein Musterring-Modell gefällt, müssen Sie also herausfinden, ob ein abgewandeltes („freies“) Modell auf dem Markt ist.

Das ist leider gar nicht so einfach, denn **die Herausforderung ist die Identifizierung** des Möbelstücks. Beispielsweise finden Sie auf den Möbeln zwar Aufkleber und Signets von Musterring, aber selten solche von den Herstellern. Ebenso bringt es oft nichts, sich den Katalog zeigen zu lassen, denn auch er ist von Musterring und vermeidet Herstellerangaben. Einen Versuch ist es trotzdem wert.

Sie haben es bestimmt durchschaut:

> Das Kreieren einer **Handelsmarke** dient wiederum einzig und alleine dazu, die Möbel aus der Vergleichbarkeit herauszunehmen, indem **der wahre Hersteller verschleiert** wird.

Sie müssen also die Fähigkeiten eines Meisterdetektivs entwickeln (Ziffer 4.3.), um Herstellerangaben zu finden.

Haben Sie den Produzenten herausgefunden, dann durchforsten Sie seine Produktpalette. Gehen Sie dazu in ein anderes Möbelhaus, das diesen Hersteller führt, und lassen Sie sich den Herstellerkatalog zeigen. Vielleicht ist das abgewandelte Modell sogar dort ausgestellt!

Der Vollständigkeit halber möchte ich an dieser Stelle noch den Modellverband WK Wohnen erwähnen, dessen Kollektion Sie auch in einigen Musterring-Möbelhäusern finden. Die WK Möbel schließen im Aufbau der Preise nach oben hin zur Marke Musterring an.

7.2.1. Die Eigenmarken der Einkaufsverbände und Möbelhändler

Schön also für einen Möbler, wenn er zum erlauchten Kreis der Musterring-Händler zählt und diese Kollektion verkaufen darf.

Falls er einem Einkaufsverband angehört (siehe Ziffer 3.3.1.), hat aber inzwischen jeder Möbelhändler die Möglichkeit, an diesem gewinnbringenden Versteckspiel teilzunehmen. Denn die Einkaufsverbände haben ebenfalls zahlreiche Handelsmarken kreiert und auf dem Markt etabliert.

Ein Beispiel:

Der EMV Europa Möbel-Verbund GmbH, 85777 Fahrenzhausen hat bereits vor vielen Jahren die Handelsmarke Global® ins Leben gerufen.

Die Global®-Kollektion (Polstermöbel, Wohn-, Schlaf-, und Esszimmer- im mittleren bis gehobenen Preissegment) können Sie nur in den gegenwärtig rund 550 EMV-Möbelhäusern kaufen. Die Möbel werden nirgendwo anders angeboten.

> Der Verkauf einer Handelsmarke findet nur verbandsintern und nicht auf dem freien Markt statt. Auf diese Weise können die Abgabepreise auf einem stabilen, hohen und oftmals überteuerten Niveau gehalten werden. Preiskämpfe mit den Handelsmarken sind unter den Verbandsmitgliedern verpönt.

Die „Marketingstrategie Handelsmarke“ hat sich als derart gewinnbringend erwiesen, dass der Möbelmarkt mit Private Labels inzwischen förmlich überschwemmt ist. Und immer mehr davon kommen auf den Markt.

Zu dieser Schwemme tragen übrigens nicht nur die Einkaufsverbände bei. Auch die Branchenriesen wie z.B. die Lutz Unternehmensgruppe oder Höffner sind längst dazu übergegangen, in ihren Möbelpalästen den Kaufinteressenten eigene Marken zu präsentieren.

Nachfolgend habe ich für Sie einige häufig anzutreffende Private Labels aufgelistet. Ich muss mich jedoch auf eine kleine, beispielhafte Auswahl beschränken. Die Handelsmarken sind so zahlreich, dass man darüber ein separates Buch schreiben könnte.

Verband	Handelsmarke ®	Art
Einrichtungspartnerring VME, 33699 Bielefeld	Comfortmaster	Polstermöbel, Betten
	Modulmaster	Kombinierbare Schränke, Essgruppen und Polstermöbel
	Woods & Trends	Massivholzmöbel
	Enzo Baresi	Möbel in mediterranem Design
	OrthoSedis	Schlafsysteme, Polstermöbel
	Lavie	Design-Polstermöbel
	Combinessa	Polsterbänke
Alliance 53359 Rheinbach	Casada	Wohn- und Esszimmer, Polstermöbel
	Ambienta	Wohnmöbel, Küchen
	Komfort Wohnen	Wohn- und Esszimmer, Matratzen
Begros 46149 Oberhausen	Mondo	Kastenmöbel, Polster
	Valmondo	Massivholzmöbel
	Vito	Wohn- und Speisezimmer, Büromöbel
Union 40468 Düsseldorf	Unicor	Wohnzimmermöbel, Betten, Matratzen
	Bondomus	Wohn- und Polstermöbel, Boxspringbetten
EMV, 85777 Fahrenzhausen	Contur	Schlafzimmer, Wohnmöbel
	Global	Wohnmöbel, Schrank- und Bettsysteme
	Natura	Massivholzmöbel
	akad'or	Polstermöbel
Garant 33378 Rheda-W.	Liva	Wohn- und Esszimmer-möbel, Schlafzimmer
MZE 85375 Neufahrn	Keno Kent	Bettsysteme

Verband	Handelsmarke ®	Art
GfM Trend, 93333 Neustadt/Donau	Wohnart	Kasten- und Polstermöbel
	Dream Art	Matratzensysteme
	Topline	Wohn- und Esszimmer, Schlafsysteme
	La Natura	Kastenmöbel

Händler	Handelsmarke ®	Hersteller
Lutz Unternehmensgruppe	Venda	Wohn-, Speise und Kinderzimmer
	Novel	Einzelmöbel, Küchen, Accessoires
	Cantus	Wohn- und Schlafzimmer, Garderoben, Einzelmöbel
Höffner	Wohnwert	Kasten- und Polstermöbel, Küchen

Vielleicht hätten Sie es gerne gesehen, wenn ich Ihnen die Lieferanten (Möbelhersteller) für die jeweilige Marke genannt hätte. Doch da muss ich leider passen, denn eine solche Liste zu erstellen wäre eine nicht zu bewältigende Mammutaufgabe. Und zwar aus 2 Gründen:

1. Die Modelle einer Kollektion (z.B. Polstermöbelmodelle der Handelsmarke x) stammen fast immer von mehreren Herstellern.

2. Die Lieferanten einer Handelsmarke werden von Zeit zu Zeit durchaus einmal ausgewechselt.

Zum Schluss dieses Abschnitts ein dringender Rat:

Wenn Sie sich für den Kauf einer Handelsmarke entscheiden - etwa weil Ihnen das Möbelstück besonders gut gefällt und/oder Sie kein „freies“ Modell ermitteln konnten - dann

Lassen Sie sich den wahren Hersteller des Möbelstücks in jedem Fall im Kaufvertrag festschreiben!

Denn nur so werden alle Zweifel beseitigt. Und falls Ihnen der Händler nicht spätestens an diesem Punkt reinen Wein einschenkt, würde ich persönlich vom Kauf eines solchen Möbelstücks Abstand nehmen.

Der clevere Möbelkäufer kauft nicht die Katze im Sack. Er lässt sich auch nicht Billigmöbel aus Osteuropa oder China als „Marke“ getarnt andrehen.

7.3. Designermöbel: Klassiker des Möbelbaus

Da ist so ein Klassiker: Die berühmte Liege LC4 von Le Corbusier.

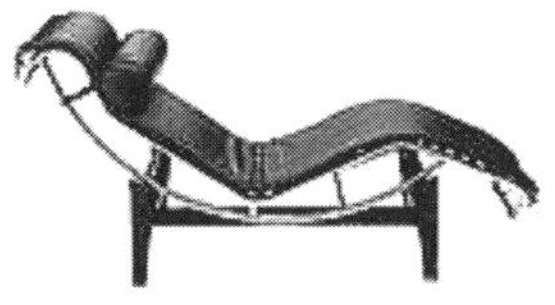

Natürlich sind die Originale von Le Corbusier, Eileen Gray, Marcel Breuer und vielen anderen nicht mehr zu bekommen. Aber originalgetreue Nachbauten kommen immer mehr auf den Markt. Die Meisterstücke der Bauhauszeit haben es Vielen besonders angetan.

Nachbauen - das ist was für Italiener. Nicht nur deshalb, weil sie die Kunstfertigkeit im Reproduzieren besonders ausgeprägt haben: Sie brauchen sich nicht um Urheberrechte zu scheren. Das ist in Deutschland anders und macht das Nachbauen hier wegen der hohen Lizenzgebühren so teuer.

Ein kurzes Wort zur Technik des Nachbaus (Reproduktion):

Als die alten Meister ihre Einzelstücke in der ersten Hälfte des 20. Jahrhunderts bauten, standen ihnen natürlich nicht die Materialien und technischen Möglichkeiten von heute zur Verfügung. Die Polster z.B. blieben keineswegs formgetreu, die Verchromung etwa war nicht perfekt. Aber schön waren die Möbel und sind es immer noch.

Heute nehmen die Reproduktionsspezialisten die alten Möbelentwürfe und bauen sie nach mit modernsten Materialien und Produktionsverfahren. Schon deshalb sind die Stücke niemals original. Sollte Ihnen jemand mit einem Echtheitszertifikat kommen, weisen Sie den Schlaumeier in seine Schranken.

Wenn Sie also Ihr Loft mit nachgebauten Möbelklassikern verschönern wollen, dann brauchen Sie Adressen. Ich biete sie Ihnen: In meinem digitalen Buch (eBook) **„Die 700 wichtigsten Möbelhersteller“** habe ich sie aufgelistet.

7.4. Angriff auf die Markenpreise

Es wir Ihnen nicht entgangen sein: Immer wieder schimmert bei meinen Ausführungen durch, dass Markenmöbelpreise recht gefestigt sind. Die Markenhändler üben sich in Preisdisziplin.

Die Markenhersteller ihrerseits binden ihre Handelspartner dadurch fest an die Preise, indem sie in Lieferverträgen Vertragsstrafen oder gar einen Lieferstopp androhen.

Dennoch bereiten die Markenmöbel den exklusiven Händlern nicht nur Freude. Um eine Marke entwickelt sich nämlich oft ein regelrechter Preiskrieg. Der muss nicht unbedingt von den Kunden angezettelt werden. Die Händler besorgen das selbst. Das kommt so:

Die Markenhersteller und -händler müssen auf Exklusivität achten, d.h. kein anderer Händler in einem bestimmten Umkreis darf von den Herstellern mit der Marke beliefert werden. Gebietsschutzklauseln in den Lieferverträgen sollen das absichern.

Genau das ist der wunde Punkt. Manchem Markenmöbler genügt sein Gebiet nicht. Er möchte Kunden anderer geschützter Gebiete zu sich ziehen. Das geht nur über den Preis.

Händler mit No-Name-Möbeln (also nicht die Markenmöbler) werden von ihren Stammkunden gefragt, ob sie nicht auch eine bestimmte Marke besorgen können. Sie werden sich ein solches Geschäft nicht entgehen lassen und finden schon ihre Wege, an die Marken heranzukommen. Auch das geht oft über den Preis.

Und schon ist ein heftiger Kampf um Marktanteile entbrannt.

Wo solch ein Krieg herrscht, sollte der Möbelkäufer nicht duldendes Objekt bleiben, obwohl ihm diese Haltung bereits Vorteile bringt.

Nein, er sollte seinerseits zur Attacke blasen.

Durch herkömmlichen Preisvergleich eine Schwachstelle zu suchen, genügt dabei nicht. Es gilt, als **cleverer Möbelkäufer mit unseren...**

... pressure instruments aufzutrumpfen!

Zuerst pieksen wir die Händler, indem wir unsere Qualitätstests anstellen. Auch Markenmöbel sind nicht frei von Schwachstellen!

Dann unser scharfer Preisvergleich. Er lohnt sich fast immer. Hier ist er sogar recht einfach, da der Hersteller bereits identifiziert ist. Auch die Modelle sind leicht zu ermitteln.

Zusammen genommen kann das den Markenpreis durchaus erschüttern, aber erwarten Sie bitte **keine Preiswunder.** Allzu weit lässt sich die Preisdisziplin der Markenhändler nicht untergraben.

Unsere Preisattacken können wir auch noch von einer anderen Seite her reiten. Zum entscheidenden Gefecht nutzen wir nämlich das Internet.

Wir rufen eine Suchmaschine auf und tragen in das „Suchen“-Feld als Suchbegriff das gewünschte Markenmöbel oder Designerstück ein. Nun starten wir die Suche und schon tun sich zahlreiche Internetmöbler auf, die mit Ihren Preisen nur so winken.

Ich liefere Ihnen gerne ein Beispiel:

> Suchen Sie nach „Le Corbusier LC4“. Dann schauen Sie sich die Ergebnisliste an. Schon auf der ersten Seite sind zahlreiche Online-Händler verzeichnet, die Ihnen die Liege LC4 verkaufen wollen.

Zum Vergleich können Sie ja noch bei einem Möbelhändler nachfragen, der die Cassina-Kollektion führt, denn Cassina, www.cassina.it, baut diese Liege auch. Sie kostet dann aber rund das Doppelte.

Mag es Sie entzücken, was Sie auf diese Weise im Internet entdecken können - den virtuellen Möbelkauf wollen wir uns deshalb etwas näher anschauen. Wir sind ja schon mitten drin.

8. Der Möbelkauf im Internet

8.1. Bequem anzuschauen, aber nichts zum Anfassen

Es ist schön bequem, zu Hause am PC zu sitzen und seinen Möbelträumen nachzujagen. Vor allem: Sie können es tun, wann immer Sie wollen. Sie stehen niemals vor verschlossenen Türen. Kein Lautsprecher tönt: „Das Möbelhaus schließt in 15 Minuten. Wir danken für Ihren Besuch."

Der Möbelkauf im Internet nimmt immer mehr zu. Viele Möbelkäufer allerdings scheuen sich noch davor. **Spricht irgendetwas dagegen...**

... Möbel über das Internet zu kaufen?

Nein, grundsätzlich nichts. Manche sagen - und es sind viele Möbelhändler darunter: „Das wird nie etwas. Möbel will man vor dem Kauf anfassen."

Ich kann diese Meinung nicht teilen. Wenn das so absolut gelten würde, dann gäbe es den Versandhandel bei Möbeln nicht. Dessen Anteil am Möbelkuchen ist durchaus ein beachtenswertes Stück. Der Möbelkäufer sieht in den Katalogen auch nur Abbildungen und liest Beschreibungen.

Der Bildschirm Ihres PC dagegen bietet oft viel mehr. Man denke nur an die virtuellen Planungsmöglichkeiten, die Ihnen manche Internetmöbler zur Verfügung stellen. Ihre komplett eingerichtete Wohnung können Sie bereits anschauen, obwohl in der Realität noch kein Möbelstück drinsteht.

Ich weiß nicht, wie Sie bisher darüber gedacht haben. Aber ich möchte Sie ermutigen, das Internet bei Ihrem Möbelkauf nicht zu ignorieren.

8.2. Kontakt zu den stationären Möbelhändlern

Die stationären Möbelhändler - so bezeichnet man in diesem Zusammenhang die Möbler mit Laden, seien es größte, große, normale und kleinere - nutzen inzwischen fast ausnahmslos das Internet, um sich selbst darzustellen, ihr Warensortiment zu präsentieren, Werbegags anzubringen und den Weg zu beschreiben, auf dem man zu ihren Läden findet. Außerdem kann man per E-Mail Kontakt zu ihnen aufnehmen.

Den direkten Online-Verkauf zusätzlich zum Ladenverkauf scheuen die meisten (noch). Doch ich bin sicher, das wird sich ändern. Man kann die „realen“ Händler aber auf jeden Fall in Versuchung bringen und mit ihnen per E-Mail über Preise verhandeln. Ich habe das einmal ausprobiert:

```
> From: h-g-g@t-online.de
> To: info@moebel-xyz.de
> Subject: Anfrage

> Guten Tag,
> was kostet bei Ihnen die von Wilca hergestellte
> Polstergarnitur PARMA, Modell 6600,
> Leder Prärie 5501-42 Farbe mocca, 3-2-1?
>
> MfG Heinz G. Günther
```

Antwort:

```
>> From: info@moebel-xyz.de
>> To: h-g-g@t-online.de
>> Subject: RE: Anfrage

>> Guten Tag Herr Günther,
>> danke für Ihre Anfrage, aber die Wilca-
>> Kollektion führen wir leider nicht.
```

Na, das war also nichts. Viele meiner Leser haben mir aber berichtet, dass sie auf diesem Wege zu einem schönen Schnäppchen gelangt sind.

8.3. Den Möbelkauf von hinten aufrollen

Was sich die Möbelhersteller denken, wenn sie sich im Internet präsentieren, vermag ich nicht so recht zu erkennen. Vielleicht folgen sie nur dem allgemeinen Trend, dieses interessante Medium zur Selbstdarstellung zu nutzen. Dabei sein ist wohl alles.

Uns kann das recht sein. Wir nutzen das als eine pfiffige Möglichkeit, den Möbelkauf einmal anders anzugehen, richtig hinzulangen und viel Geld zu sparen.

Ich gebe Ihnen gerne ein Beispiel aus meinem Alltag. Ich erhielt folgende E-Mail:

An: heinz@moebel-tipps.de
Nachricht über Kontaktformular von
Herr Hardy Leile

Betreff: Esstisch und Stühle

Guten Tag Herr Günther, ich bin beim Blättern im Internet auf Sie aufmerksam geworden. Es steht bei mir momentan ein Kauf von einem großen Esszimmertisch (min. 100 x 200 cm) und 6 dazugehörigen Stühlen an. Alles soll massiv sein. Stil rustikal bis klassisch. Wie finde ich die besten Angebote?

Meine Antwort:

Hallo Herr Leile,

vielen Dank für Ihre Anfrage.

Fast alle Hersteller von Esszimmern informieren im Internet über ihre Produkte, meistens mit vielen schönen Abbildungen. Sicher ist auch was für Sie dabei.

Einige Adressen stelle ich Ihnen gerne zur Verfügung. Fragen Sie dann die Hersteller per E-Mail, welche Händler in Ihrer Region die Modelle führen. Und schon eröffnet sich Ihnen ein riesiges Angebotsspektrum. Die Preisunterschiede werden enorm sein. Wenn Sie dann bei den Händlern nach meinen Tipps und Tricks vorgehen, werden Sie sich wundern, was alles rauszuholen ist.

Merken Sie etwas?

Was bisher so ablief:

> Möbelhäuser ⇒ Wunschmöbel suchen ⇒ Preisvergleiche ⇒ Preisverhandlungen ⇒ Möbelkauf

geht mit Hilfe des Internets jetzt so:

> Möbelhersteller anklicken ⇒ Wunschmöbel finden ⇒ Möbelhäuser ⇒ Preisvergleiche ⇒ Preisverhandlungen ⇒ Möbelkauf.

Man könnte das auch nennen: Den Möbelkauf von hinten aufrollen.

Begeistert?

Werden Sie nun trotzdem nicht unvorsichtig. Auch die auf virtuell gefundenen Möbel sollen schließlich in Ihrer realen Wohnung aufgestellt werden. Da muss alles stimmen.

> Nutzen Sie das Internet, um den Möbelkauf gewissermaßen von hinten aufzurollen. Besuchen Sie zuerst die Internetseiten der Möbelhersteller. Wenn Sie dann Ihr Wunschmöbel gefunden haben, praktizieren Sie die Qualitätstests sowie den „scharfen Preisvergleich“ und steigen in die Preisverhandlungen mit den stationären (und Online-) Möbelhändlern ein.

8.4. Der Onlinekauf und seine Realität

Zunehmend wird das Internet von Online-Möbelshops bevölkert. Bei denen läuft der Möbelkauf von Anfang bis zum Ende über das Internet. Da gibt es nichts zum Anfassen.

Halt, das stimmt nicht ganz. Am Ende muss es ja die Lieferung geben. Dann sind die Möbel real. Aber darauf komme ich noch.

Wie erwähnt, spricht grundsätzlich nichts dagegen, in einem Internetshop Möbel zu kaufen. Wenn Sie dann noch an einen Shop geraten, der zusätzlich irgendwo in der Republik einen realen Möbelladen betreibt, umso besser. Dann können Sie ihm aufs reale Dach steigen, sollte der Onlinekauf wider Erwarten schief laufen.

Als cleverer Online-Shopper gehen Sie wie beim klassischen Möbelkauf vor. Die Korrespondenz läuft vorwiegend per E-Mail. Wie das in der Praxis aussieht, zeigt Ihnen eine E-Mail, die mir ein Leser schrieb. Er gab mir die Erlaubnis, sie zu veröffentlichen, und bat nur darum, nicht seinen Namen zu nennen.

Von: Herbert X.
Gesendet: Freitag, 10. Oktober
An: heinz@moebel-tipps.de
Betreff: Erfahrungsbericht Schlafzimmerkauf im Internet

Hallo Herr Günther, ich habe Ihr Buch gekauft und Ihre Tipps in etwas abgewandelter Form verwendet. Nachdem ich mein Wunsch-Schlafzimmer ausgewählt hatte (etliche Möbelhausbesuche), ging es an den Preisvergleich (immer gleiche Ausstattung - gab hie und da leichte Probleme mit den Verkäufern).

Am günstigsten waren Möbel S. und Möbel G. im Schreinerdorf Eschelbronn im Kraichgau. Mit diesem Preis im Rücken bin ich per eBay an Internetfirmen herangetreten und habe Preise (Direktkauf) eruiert. Der günstigste Anbieter lieferte mir mein Schlafzimmer für 3.800,00 € (Loddenkemper "Venezia") incl. Fracht und Aufbau, Bankbürg-

schaft (!) und 300,00 € Sicherheitseinbehalt (zahlbar 1 Woche nach Lieferung). Ich habe gegenüber dem billigsten stationären Anbieter noch immerhin ca. 550,00 € gespart. Darüber hinaus habe ich von dort noch günstige Matratzen und Roste bekommen (ca. 35-40% Preisersparnis gegenüber Möbel H.).

Mein Erfolg beruht auf Ihren Empfehlungen, die ich sinngemäß auf Internet (eBay und Co.) übertragen habe. Mit freundlichem Gruß Herbert X.

Ich bin mir sicher, Sie werden es früher oder später ebenfalls versuchen. Dabei bleibt der stationäre Möbelmarkt mit seinen großen und kleinen Häusern natürlich niemals außen vor. Wir nutzen ihn weiterhin, um unser Wunschmöbel zu fixieren.

Dann aber geht es los: Sie klicken sich zum Beispiel bei www.ebay.de ein und suchen unter der entsprechenden Rubrik. Suchen können Sie natürlich auch mit den Suchmaschinen, zum Beispiel mit Google (www.google.de). Geben Sie als Suchwort ein, was Ihnen zu Ihrem Wunschmöbel einfällt.

Die Möbelpreise im Web werden Sie manchmal in Erstaunen versetzen.

> Einige Markenmöbel werden online günstiger angeboten als im stationären Handel. Auf eine **Preisrecherche im Internet** sollten Sie daher nicht verzichten.

Sie können auch ruhig hinlangen. Beruhigend dabei ist vor allem, dass der Onlinekauf durch die Bestimmungen des Fernabsatzgesetzes verbraucherfreundlich geregelt ist.

Gegenüber einem gewerblichen Händler haben Sie das Recht, den Kaufvertrag innerhalb von 14 Tagen ohne Begründung zu widerrufen, die Ware zurückzusenden und eventuelle Zahlungen zurückzuverlangen. Bei einem Kauf in einem stationären Möbelhaus dagegen gibt es in der Regel kein Widerrufsrecht.

Unabhängig davon vergessen Sie bitte nicht, den Deal weiter abzusichern. Herbert X. sei das Vorbild. Vor allem:

Keine Anzahlung oder Vorauszahlung!

Manchmal allerdings kann man den Preis mit einer Anzahlung nicht unwesentlich drücken. Dann sollte sie aber mit einer Bankbürgschaft abgesichert werden (siehe Ziffer 10.5.). Und noch ein wichtiger Punkt:

> Bezahlen Sie möglichst nur im **SEPA-Lastschriftverfahren**. Denn dann können Sie erforderlichenfalls die Abbuchung auf Ihrem Konto innerhalb von 8 Wochen nach Bekanntgabe des Kontoauszuges wieder stornieren.

Achten Sie aber bitte auch darauf, dass Sie Ihre Bankdaten nur einer Internet-Adresse anvertrauen, die Ihre Angaben verschlüsselt überträgt. Das ist dann der Fall, wenn in der Adresszeile des Browsers das Kürzel „https" und ein Schlosssymbol erscheint.

Jetzt komme ich, wie oben angekündigt, zum online gekauften Möbelstück, das gerade angeliefert und damit real wird.

Sie haben also nun 14 Tage Zeit, das Stück auf Qualität oder Mängel zu testen. Die entsprechenden Tests kennen Sie. Sie können ja nochmals unter Ziffer 2 dieses Ratgebers nachlesen. Wenn irgendetwas am Möbel nicht stimmt, senden Sie es zurück.

Umfassende Infos über die Sicherheit beim Onlinekauf bietet Ihnen das Bundesamt für Sicherheit in der Informationstechnik www.bsi-fuer-buerger.de unter dem Stichwort „Einkaufen im Internet".

Zum Abschluss dieses Kapitels ein weiterer Tipp:

> Kaufen Sie nur in **zertifizierten bzw. in mit einem Gütesiegel ausgezeichneten Shops** ein. Das bekannteste seiner Art ist hier das Siegel von Trusted Shops®, www.trusted-shops.de.

9. Entzaubert: 9 Verkaufstricks und -strategien der Möbelhändler, die Sie kennen sollten

Während Sie die Seiten dieses Buches verinnerlichen und sich für den cleveren Möbelkauf aufschürzen, hat der Möbelhandel nicht geschlafen. Im Gegenteil, die meisten Möbelhändler haben sich darauf gerüstet, Ihnen mit anderem als bisher zu begegnen.

Dazu werden oft professionelle Berater engagiert. Und ich habe konkrete Hinweise dafür, dass bei Schulungen manchmal sogar dieses für Sie geschriebene Buch auf dem Tisch liegt.

Mit stillem Vergnügen wollen wir uns deshalb anschauen, was den Marketing-Profis so alles eingefallen ist.

Ich kann allerdings nur die wichtigsten Strategien herausgreifen. Ihnen wird auch anderes begegnen. Das muss ich beiseite lassen, denn ich will aus diesem Ratgeber kein Handbuch für Verkäufer machen.

9.1. Lockvögel

Als Lockvögel bezeichne ich Möbel, die in allen denkbaren Werbeträgern (zum Beispiel Wurfsendungen, Zeitungsbeilagen, Anzeigen in den Printmedien, Fernsehspots) entzückend schön abgebildet werden, hochwertig aussehen und einen erstaunlich niedrigen Preis haben.

Ein Beispiel aus einem Zeitungsprospekt:

Kleiderschrank
Kiefer teilmassiv, natur lackiert
2 Schübe, Spiegeltür, B/H/T 131/200/51 cm
Unschlagbarer Sonderpreis 149,00 €

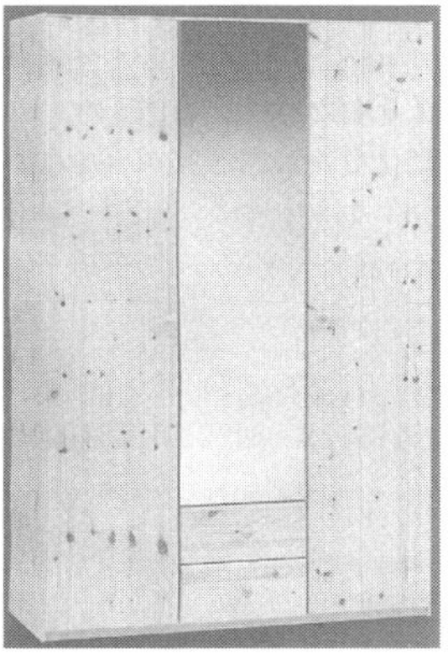

Das lockt den Verbraucher. Das will man sich nicht entgehen lassen. Zumal, wenn man schon länger überlegt, wo man im Frühling die Wintersachen verstauen soll. Dieser Schrank wäre genau richtig. Und ein Schnäppchen außerdem.

Geht man nun hin, um den Schrank unter die Lupe zu nehmen, findet man ihn womöglich gar nicht. Man fragt im großen Möbelhaus herum, aber keiner weiß, wo das Stück steht.

Sollte man das Stück aber antreffen, jagen einem die Qualitätstests (siehe Ziffer 2.7.) Schrecken ein. Ich habe das bei dem abgebildeten Schrank tatsächlich erlebt. Ich sage es ganz brutal: Was ich da testete, war Möbelschrott und den Preis nicht wert.

Ich habe zum Schein Kaufverhandlungen geführt und man wollte mir das Stück für 120,00 € geben, wenn ich es selbst abhole und aufbaue. Ich weiß, dass solche Schränke containerweise für netto 50,00 € das Stück eingekauft werden. Der Möbler hätte also immer noch daran verdient.

Ein „unschlagbarer Sonderpreis" sind 149,00 € jedenfalls nicht. Wenn man sich die Mühe machen würde nachzuforschen, welcher andere Möbler das gleiche Möbelstück führt - und da würde man sicherlich fündig - dann würde es dort sicher genau so wenig kosten. Deshalb:

Sonderangebote sind fast nie ein echtes „Unterpreisangebot“ oder ein Schnäppchen, denn auch die Lockvögel sollen ungeschmälerten Gewinn bringen.

Sind wir erst einmal im Laden drin, hat der Möbelhändler damit zumindest sein Etappenziel erreicht. Vielleicht erreicht er auch das Endziel, indem er uns teurere Stücke schmackhaft macht.

Echte Schnäppchen gibt es manchmal tatsächlich. Beispielsweise, wenn der Händler Ausstellungsfläche frei machen muss, die mit Ladenhütern belegt ist. Dann wird aber sicher nicht mit einem Prospekt in der oben abgebildeten Art geworben. Die Werbekosten wären viel zu hoch. Der Händler wird sich mit Textanzeigen begnügen und Nachlässe in Prozenten anpreisen. Apropos Prozente!

9.2. Prozente mit Prozentmöbeln

Seit der Aufhebung des Rabattgesetzes im Juli 2001 wimmelt es überall nur so von Prozenten. In der Medienwerbung, in den Schaufenstern und an den Fassaden der Möbelhäuser: „30, 40, 50, 80 Prozent reduziert!“, heißt es.

Da kommt Ihnen sicher in den Sinn, was Sie unter Ziffer 5. über den Rabatt gelesen haben. Ich wiederhole gerne den schönen Spruch, diesmal etwas abgewandelt:

Prozente, möchte ich Dir sagen,
werden vorher drauf geschlagen!

Aber oft kommt es noch schlimmer:

Für eine Prozentaktion werden
spezielle Möbel extra eingekauft.

Ja, Sie haben richtig gelesen. Nicht etwa die Preise für bereits vorhandene Möbel sind gesenkt: Die reduzierten Preise prangen an Möbeln, die extra für Sonderaktionen hergestellt werden.

Diese Möbel sind für den Möbelhändler im Einkauf besonders günstig, weil beispielsweise „Qualität aus ihnen herausgenommen“ wurde. Lesen Sie doch noch einmal unter Ziffer 2.6.8. nach. Was bei Matratzen geht, das geht bei allen anderen Möbeln auch.

Im Klartext: Die Hersteller haben einige bisher hochwertige Möbelmodelle nunmehr mit Billigmaterialien produziert, um sie dem Handel als so genannte **Aktionsware** billig zur Verfügung stellen zu können.

Ich nenne sie deshalb **Prozentmöbel**.

Der Preis aber ist nicht wirklich reduziert. Der Möbelhändler hat den üblichen Handelsaufschlag drauf geschlagen - wenn nicht gar einen höheren. Die durchgestrichenen Preise auf den Preisschildern sind also meistens mondsüchtig.

Sie erinnern sich an den Handelsaufschlag in Höhe von 80% auf den Wareneinkaufspreis (Ziffer 3.3.2.). Rechnen Sie jetzt mal umgekehrt! Wenn ein Händler **mit Sprüchen wirbt** wie, ...

... dann sollte Sie das immer sofort misstrauisch machen!

In der Möbelbranche sind **Preisnachlässe von mehr als 40% völlig unrealistisch.** Der Möbelhändler würde dann kräftig draufzahlen. Wer ruiniert sich aber schon freiwillig?

Oder der **Ausgangspreis**, auf den sich die Prozente beziehen, **ist unrealistisch.** Für den cleveren Möbelkäufer ist also sonnenklar:

Hohe Prozente sollen Sie ins Möbelhaus locken.

Die vermeintlich niedrigen Prozentpreise finden Sie dort meistens lediglich bei den so genannten Prozentmöbeln, die für die Werbeaktion extra ins Haus geschafft wurden (Aktionsware).

Möbelstücke, die bereits vorher da waren (Altbestand), sind - wenn überhaupt - oft nur geringfügig reduziert.

Bleiben wir dabei: Letztlich kommt es darauf an, was unter dem Strich zu bezahlen ist.

Immer heißt es aufpassen! Qualitätstests (Ziffer 2.) und scharfer Preisvergleich (Ziffer 4.2.) sind unverzichtbar.

9.3. Die Rabattfalle

Es mag rein akademisch erscheinen, wenn man die Begriffe Rabatt und Prozent unterscheidet. Denn beide besagen, dass man einen Preis anteilmäßig herunterrechnet. Prozentaktion oder Rabattaktion wären also dasselbe.

Ich möchte dennoch einen Unterschied machen, weil es hilft, den Hintergrund zu verstehen.

Eine **Rabattaktion** findet statt, wenn ein Möbelhändler die Preise seines Stammsortiments reduziert. Das sind solche Möbel, die er ständig zum normalen Preis verkauft, was auch immer normal bedeuten mag. Es handelt sich also nicht um die so genannten Prozentmöbel.

Der Möbelhändler setzt nun eine Aktion in Gang, bei der es „Rabatt auf Alles“ gibt, speziell auch auf Markenmöbel.

Wenn der Möbler dabei Ausnahmen macht, bestätigt das nur die Regel.

Was ist denn die Regel?

Wäre ich noch Möbelhändler, dann würde ich einige Tage vor der Aktion die Preise heraufsetzen. Ich würde aus der unteren Schublade die Herstellerlisten hervorholen, mit denen ich sonst nie arbeite. Das sind solche Listen, in denen die „unverbindlichen Verkaufspreise“ extra hochgerechnet wurden bzw. einen unrealistisch hohen Handelsaufschlag beinhalten. Auch Listen von Markenmöbelherstellern sind darunter.

Ferner würde ich das Anerbieten derjenigen Markenhersteller in Anspruch nehmen, welche Rabattaktionen von der Pieke auf begleiten - mit speziellen Produkten und speziellen Preisen.

Meine Marge (also das, was üblicherweise übrig bleibt) ist trotz Rabatt unangetastet. Das freut mich umso mehr, wenn die Aktion mir eine hohe Kundenfrequenz und einen Bombenumsatz gebracht hat. Schließlich kann man daran ja anknüpfen.

Weil praktisch kein Möbelhersteller eine einheitliche und bindende Verkaufspreisliste („UVP-Liste“, „Listenpreis“) herausgibt, sondern **mehrere mit unterschiedlichen und teilweise unrealistischen** Handelsaufschlägen an die Händler verteilt werden, können Sie nie wissen, auf welche sich der Rabatt bezieht. Das bedeutet:

Der Gedanke, sich beim Möbelkauf an der Höhe von Rabatten zu orientieren, ist damit endgültig ad absurdum geführt.

9.4. Null Komma nix

In letzter Zeit flatterte mir kein einziger Werbeprospekt eines Möbelhändlers auf den Schreibtisch, in dem nicht großspurig mit einer 0%-Finanzierung geworben wurde.

Neu ist diese Verkaufsmasche nicht. Schon seit einigen Jahren ködert der Möbelhandel mit dem Möbelkauf auf Pump. Und in Zeiten historisch niedriger Zinsen umso mehr.

Auf den ersten Blick erscheint so eine 0%-Finanzierung durchaus verlockend: Die Küche, die Polstermöbel oder das Schlafzimmer heute kaufen und dann zinslos in beispielsweise 36 oder 48 bequemen Monatsraten bezahlen. Warum also nicht zugreifen?

Doch welche gravierenden Nachteile diese Art der Finanzierung hat und welche versteckten Gefahren drohen, ist den meisten Möbelkäufern nicht bewusst. Die zeigen sich leider erst beim genaueren Hinsehen.

In den Werbeprospekten der Möbelhäuser lesen Sie beispielsweise:

Wohnlandschaft mit Schlaffunktion
Bettkasten - Ottomane
Liegefläche 150 x 218 cm
Bezug Textilleder
Einschl. 4 Kissen mit Blumenmotiv

21,90 € monatlich, 36 Monate

Darunter steht klein gedruckt:

Finanzkauf zu 0,00% Zinsen und Gebühren
keine Anzahlung

Ich gehe davon aus, dass der interessierte Möbelkäufer seinen Taschenrechner bemüht und ausrechnet, was er letztlich bezahlen muss: **788,40 €.**

„Na ja", denkt er vielleicht, „ist doch gar nicht so schlecht und die niedrige Rate kann ich problemlos zahlen."

Ich will einmal beiseite lassen, was der Käufer da alles offenbaren und unterschreiben muss, bis dieser Ratenkaufvertrag perfekt ist. Wahrscheinlich wird sein Fell richtig schön aufs Brett genagelt.

Ich möchte aber aufzeigen, wie viel anders das Bild aussieht, wenn man beim Ratenkauf nach dem gängigen Marktpreis für die gleiche Wohnlandschaft fahndet. Mit unserer Strategie findet man ihn schnell heraus (Ziffern 3.5. und 6.).

Und siehe da, er beläuft sich in diesem Fall auf **666,00 €.** Beim normalen Kauf würden wir dann als Zielpreis 550,00 € ansteuern.

Jetzt erkennt man, welchen besonderen Vorteil der Finanzkauf dem Möbelhändler bringt: **Ein Ratenkäufer kann in aller Regel nicht oder nur in geringen Umfang über den Preis verhandeln** und am Gewinn des Möblers knabbern.

Fazit: Wenn der Preis von 666,00 € dem Händler mühelos einen schönen Gewinn beschert, kann er die Differenz zu 788,40 €, also 122,40 €, getrost der Bank überlassen.

Es gibt aber für Sie als Möbelkäufer noch einen weiteren gravierenden **Nachteil**: Bei einem Kauf über eine 0%-Finanzierung, die rechtlich einem Bargeschäft gleichgestellt ist, haben Sie kein Widerrufsrecht. Müssten Sie Zinsen bezahlen - und seinen es nur 0,01% - dann könnten Sie den Möbelkauf samt Ratenkredit innerhalb von 14 Tagen widerrufen.

Es kann sogar ganz schlimm kommen, wie dieses Szenario zeigt:

Sie haben eine 5.000,00 € teure Schrankwand per 0%-Finanzierung gekauft. Nach der Lieferung stellt sich heraus, dass das Möbelstück gravierende Mängel aufweist, die auch nach mehrmaliger Nachbesserung nicht behoben werden können. Folglich treten Sie berechtigterweise vom Kaufvertrag zurück. Aber:

Die Raten an die Bank müssen Sie - wegen der 0%-Finanzierung weiter zahlen! Das hat der BGH entschieden.

Glück gehabt, wenn der Möbler die Schrankwand abholt und Ihnen den Kaufpreis zurückzahlt. Was aber, wenn er inzwischen pleite ist?

Also:

> Schließen Sie eine 0%-Finanzierung **nur nach reiflicher Überlegung** ab!
>
> Als Ratenkäufer können Sie in der Regel nicht über den Preis verhandeln und verlieren außerdem noch wichtige Schutzrechte wie beispielsweise das 14-tägige Widerrufsrecht.

9.5. Tiefpreisgarantie: Vergleichen überflüssig?

Zu den Verkaufsstrategien des Möbelhandels zähle ich ferner, mit der Tiefpreisgarantie zu ködern, auch Bestpreisgarantie genannt.

Garantie ist ein schönes Wort. Wir assoziieren damit Sicherheit, Vertrauen, Gewährleistung, Bürgschaft, Deckung und Recht. Was kann es Edleres geben?

Wenn Preise garantiert werden, sind viele Möbelkäufer besonders froh und schlaffen ab: Endlich mal nix mit Preisvergleich!

Brancheninterne Analysen haben gezeigt, dass sich mehr als 90% aller Möbelkäufer durch eine Tiefpreisgarantie in Sicherheit wiegen und daher keine Preise mehr vergleichen. Aufgrund dieser beachtenswert hohen Quote ist es kein Wunder, dass inzwischen sehr viele Möbler eine Tief- oder Bestpreisgarantie anbieten.

Manchmal sind die Bestpreis-Möbelhäuser zweier oder sogar mehrerer Konkurrenten nur wenige Kilometer voneinander entfernt. Interessant, nicht wahr? Wer hat denn nun den besten Preis?

Schauen wir uns 2 solcher Tiefpreis-Versprechen genauer an. Da heißt es beispielsweise:

> **Den besten Preis erhalten Sie immer bei uns!**
>
> Durch die Mitgliedschaft in Deutschlands umsatzstärksten Möbelverband garantieren wir Ihnen niedrigste Preise, denn wir kaufen günstig ein und geben diesen Vorteil direkt an Sie weiter. Deshalb können wir Ihnen anbieten:
>
> Wenn Sie uns innerhalb von 14 Tagen nachweisen, dass Sie den bei uns gekauften Artikel bei gleicher Leistung bei einem stationären Händler günstiger bekommen, erhalten Sie den niedrigeren Preis. Zusätzlich zahlen wir Ihnen einen Vertrauensbonus von 10%.

Oder Sie lesen:

> **100% Tiefpreisgarantie**
>
> Wir zahlen Ihnen den Differenzbetrag, wenn Sie uns innerhalb von 14 Tagen nachweisen, dass die bei uns gekauften Möbel bei gleicher Leistung anderswo günstiger sind.
>
> Ausgenommen sind Aus- und Abverkäufe sowie unglaubwürdige Angebote des Wettbewerbs.

Mein Verständnis von Garantie sagt mir, dass ich eine Garantie nur gebe, wenn ich willens bin, sie auch ohne Wenn und Aber zu erfüllen.

Mit wachsweich formulierten Bedingungen wie beispielsweise „bei gleicher Leistung“ oder „ausgenommen unglaubwürdige Angebote des Wettbewerbs“ halten sich die Möbler allerdings ein Hintertürchen offen, um notfalls jeden „Garantiefall“ abschmettern zu können.

Dass dieses Hintertürchen zur Flucht vor der Einlösung der Garantie gerne genutzt wird, zeigt die Schilderung einer Leserin deutlich:

> „(...) Ich habe bei Möbel N. eine Ledergarnitur gekauft. Der Verkäufer und sein Abteilungsleiter versicherten mir, dass sie den bestmöglichen Preis gemacht hätten. Dabei verwiesen sie auf das Schild in der Ausstellung mit der Überschrift ‚Bestpreisgarantie'.
>
> Einige Tage später flatterte uns ein Prospekt von Möbel B. in C. ins Haus. Wir haben uns dort den Preis für dieselbe Garnitur geben lassen. Sie war um 200,00 € billiger.
>
> Daraufhin haben wir uns mit dem Verkäufer von Möbel N. in Verbindung gesetzt. Er wollte das Möbelhaus wissen, um nachzufragen. Nach etwa 30 Minuten hat er uns angerufen und gemeint, wir müssten einen schriftlichen Beweis vorlegen und außerdem wäre es ja nicht die gleiche Leistung.
>
> Möbel B. weigerte sich, uns den genannten Preis schriftlich zu geben (...)“

Die Zahl solcher Erlebnisse ist Legion. Die Möbler spielen auf diesem Klavier ganz virtuos.

Bitte fragen Sie mich nicht, was Sie tun sollen, um zu Ihrem Tiefpreisrecht zu kommen. Ich kann Sie nur auf den Rechtsweg verweisen. Und der bietet auch keine Garantie.

Nein, man muss **vorher** ansetzen. Der Zielpreis (Wunschpreis) ist die einzige Garantie (siehe Ziffern 5. und 6.).

Halten wir also fest:

> Tiefpreisgarantien sind in vielen Fällen noch nicht einmal das Papier wert, auf dem sie gedruckt sind. Wenn ein Möbelhändler eine solche Garantie anbietet, sollten Sie erst recht vergleichen.

Auf der anderen Seite bietet sich für den cleveren Möbelkäufer hier eine gute Möglichkeit, seinen Zielpreis zu realisieren: Es setzt die Tiefpreisgarantie bewusst ein.

Um Ihnen zu zeigen, wie das in der Praxis funktionieren kann, lasse ich wieder einen Leser zu Wort kommen:

> „(...) Im Zuge eines Umzugs stand bei uns der Kauf eines neuen Wohnzimmers an. Das Ecksofa war schnell bei Möbel R. gefunden, eine Garnitur der Firma P. (Anhand des Stoffmusterkatalogs herausgefunden).
>
> Diese sollte in Stoffgruppe 11 1.640,00 € kosten und das war laut Verkäufer schon ein Toppreis. Die von uns gewünschte Stoffgruppe 13 war natürlich noch um einiges teurer. Nach etwas Recherche und Angebotsanfragen im Internet war der absolut beste Preis 1.400,00 € in Stoffgruppe 13. Mit diesem Angebot unter dem Arm sind wir zu Möbel I. gefahren. Der gewährte uns zähneknirschend nochmals 10% Rabatt wegen seiner Bestpreisgarantie. Endpreis: 1.260,00 €!
>
> Als Wohnwand sollte es das Modell C. von G. sein. Nach dem Abklappern verschiedener großer Möbelhäuser hatten wir einen durchschnittlichen Hauspreis von rund 2.400,00 € (inkl. jeder Menge Aktionsrabatte...) ermittelt. Natürlich versicherte uns jeder Möbler, dass sein Preis der Beste für diese Qualitätswohnwand sei.
>
> Erneut begann die Arbeit im Internet und nach einigen Recherchen und Angebotsanfragen hatten wir ein Angebot über 1.570,00 € inkl. Lieferung für dieselbe Wohnwand.
>
> Mit diesem Angebot gingen wir wieder zu Möbel I. Inhofer in der Hoffnung auf seine 10% Bestpreisgarantie. Nach Telefonaten mit dem Chef musste die nette Verkäuferin aber passen.

Bei Möbel S. lief es besser und man gewährte uns nochmals 5%. Somit zahlten wir jetzt nur 1.490,00 € statt 2.689,00 € (Startpreis Möbel S.) für unsere Wohnwand!

Die prozentuale Ersparnis können Sie sich ja ausrechnen. Wir waren begeistert, wie man mit ein wenig Detektivarbeit und Anfragen im Internet locker noch mehr als den Operationswert-20 herausholen kann."

Da konnte ich meinem Leser nur noch gratulieren.

> Besorgen Sie sich für Ihr Wunschmöbelstück ein schriftliches Angebot und nageln Sie damit den Tiefpreis-Möbler auf seiner Garantie fest.

Die Sache mit dem schriftlichen Angebot ist allerdings leider oft gar nicht so einfach. Und damit wären wir auch schon bei der nächsten Verkaufsmasche.

9.6. Schwarz auf Weiß

Was in anderen Branchen und bei anderen Konsumgütern nahezu undenkbar erscheint, ist im Möbelhandel gängige Praxis: Es werden nur selten schriftliche Angebote herausgegeben.

Der Möbelhändler möchte damit verhindern, dass der Kaufinteressent mit dem schriftlichen Angebot für die Polstergarnitur oder für die Wohnwand „hausieren" geht und bei einem Mitbewerber ein günstigeres erhält.

In manchen Regionen scheint es sogar so zu sein, dass sich die Möbler darauf verständigt und sich gegenseitig abgesprochen haben. Wie sagt so schön der Volksmund: „Eine Krähe hackt der anderen kein Auge aus."

Sollten Sie bei Ihrer Fahndung nach dem Zielpreis tatsächlich ein schriftliches Angebot benötigen, führen oft diese beiden Wege zum Ziel:

1. Finden Sie heraus, welcher Internethändler Ihr Wunschmöbelstück führt. Bitten Sie den Online-Möbler dann um die Zusendung eines Angebots per E-Mail.

2. Bitten Sie den stationären Möbler unter einem Vorwand (Beispiel: „Aus Krankheitsgründen kann ich leider nicht persönlich vorbeikommen, ich würde das Schlafzimmer aber gerne diese Woche noch bei Ihnen bestellen.") um die Zusendung des Kaufvertrags per Post. Den unterschreiben Sie dann natürlich nicht und schicken ihn auch nicht zurück.

Den 2. Weg mag man als „nicht gerade die feine Art" bezeichnen. Ob er für Sie „moralisch vertretbar" ist und ob Sie ihn gehen wollen, überlasse ich Ihnen.

9.7. Jetzt oder nie

Eine **äußerst effektive** und daher fast immer angewandte Masche des Verkaufens ist es, den Käufer unter Zeitdruck zu setzen. Das Ziel ist, ein Zögern des Käufers zu verhindern und den Kaufvertrag sofort unter Dach und Fach zu bringen:

- „Diesen Superpreis kann ich Ihnen leider nur noch heute machen, weil unsere Rabattaktion ausläuft."

- „Dieses Schnäppchen sollten Sie sich keinesfalls entgehen lassen, denn so eine Gelegenheit kommt so schnell nicht wieder!"

- „Wenn Sie sich jetzt gleich entscheiden, dann sparen Sie 5,6% zusätzlich. Denn ab dem 1., also ab morgen, erhöht der Hersteller die Preise und es gelten nur noch die neuen Preislisten."

Bitte ersparen Sie es mir, dass ich weitere pfiffige Formulierungen vorlege und dadurch den Möbler vom Denken befreie. Er möge selbst variieren und Sie damit konfrontieren.

Ich möchte mich deshalb darauf beschränken, Ihnen zu der Verkaufsstrategie Zeitdruck meine Erfahrungen zu bieten:

Es gibt kein einziges, industriell hergestelltes Möbelstück, das nicht irgendwo irgendwann günstiger zu haben wäre.

Wenn Sie übermorgen oder in 2 Wochen wieder in das Möbelhaus gehen, dann können Sie problemlos über den gleichen Preis verhandeln wie heute.

Lassen Sie sich also keinesfalls überrumpeln und zu einer schnellen Unterschrift verleiten. Kaufreue kann sehr teuer werden, denn Sie haben entgegen der weitläufigen Meinung in der Regel **kein Rücktritts- oder Widerrufsrecht** (Mehr dazu später unter Ziffer 10.3.1. und Anhang C)!

9.8. Der Messe-Trick

Auf Messen Möbel kaufen, das war und ist Sache der Möbelhändler. Die berühmte Internationale Möbelmesse Köln (imm cologne) beispielsweise, die jedes Jahr im Januar stattfindet, wird durch die Präsentationen fast aller deutschen und vieler internationaler Möbelproduzenten zum Mekka des Handels. Hier schöpft er für seine Sortimentsentscheidung aus dem Vollen und ordert. Eine reine Ordermesse bzw. Fachmesse für den Händler also.

Das allgemeine Publikum, sprich der Endverbraucher, wird zwar an bestimmten Tagen hereingelassen, es bekommt dort aber nichts. Dabei würden die Konsumenten doch sicher auch gerne einmal auf Messen Möbel kaufen!

Immer mehr Möbler kommen daher auf die Idee:

Ich mache mein Möbelhaus zu einer Messe. Ich veranstalte eine **Hausmesse**! Dazu muss ich natürlich die Atmosphäre einer Möbelmesse rüberbringen:

- ✓ Möglichst viele Hersteller in eigenen „Messeständen“ präsentieren.
- ✓ Direkte Informationen aus den Fabriken über die jeweilige Kollektion und deren Produktion bieten.
- ✓ Die Preise als „Direkt-Messepreise“ deklarieren und hohe „Messe-Rabatte“ geben.
- ✓ Richtiges Remmidemmi drum herum bieten, also Verlosungen veranstalten, Häppchen und Getränke reichen, irgendwelche Künstler auftreten lassen usw.

Das alles sollte möglichst an einem Wochenende einschließlich Sonntag passieren. Kurz: Der Möbelkäufer muss sich als Messebesucher fühlen, er soll alles als Messebummel empfinden.

Der clevere Möbelkäufer nimmt den Spaß an, denn die Direktinformationen aus der Fabrik können durchaus hilfreich sein. Es ist schon interessant, einem Polsterer zuzuschauen, wie er einen Sessel zusammenbaut.

Die Preise auf der Hausmesse jedoch nimmt sich clevere Möbelkäufer besonders unter die Lupe und stellt fest:

Alles beim Alten. Schein-Rabatte wie bei allen anderen Verkaufsaktionen auch.

Das gleiche gilt für die so genannten Verbrauchermessen (auch: Besucher- oder Publikumsmessen), die überall in der Republik stattfinden. Auf diesen Veranstaltungen bieten ortsansässige Möbelhändler gerne Polstermöbel und Küchen zu vermeintlichen „Messe-Sonderpreisen“ an.

9.9. Räumungsverkäufe und Insolvenzverkäufe

Räumungsverkäufe waren früher reglementiert. Seit der Reform des UWG (Gesetz gegen den unlauteren Wettbewerb) im Jahr 2004 sind sie es nicht mehr. Sie können stattfinden wo und wann und aus welchem Anlass auch immer ein Möbelhändler es will. Kein Wettbewerbshüter hindert ihn daran.

Die Händler dachten anfangs: Wenn das so leicht zu machen ist und es sich deshalb häufen wird, werden diese Veranstaltungen für uns sinnlos, weil die Kunden nicht mehr darauf anspringen.

Falsch gedacht. Die Musik spielt fröhlich weiter. Und der Kunde tanzt, zumal noch eine Melodie hinzugekommen ist: Insolvenzverkauf.

(Hören) Lesen Sie bitte mal. Ich präsentiere Ihnen als Auftakt dieser Musik den Auszug eines Erfahrungsberichts eines Lesers:

> „(...) Eines Tages flatterte uns ein ganz persönlich gehaltener Brief ins Haus. Er kam von einem Möbelhaus, bei dem wir schon öfter gekauft hatten. Es hieß ganz traurig: Leider sei man in die Insolvenz gerutscht. Dann das Angebot an uns, weil wir gute Kunden seien: Bevor der öffentliche Insolvenzverkauf beginnt, gebe man uns die Chance, sich die besten Stücke mit einzigartigen Preisnachlässen zu sichern.
>
> Wie das Leben so spielt, waren wir schon längere Zeit auf der Suche nach einem Kulissentisch mit 12 Stühlen für unser Esszimmer. Und just in diesem Möbelhaus hatten wir bereits vor Wochen unsere Traumkombination gefunden. Wir hatten nicht gekauft, weil uns der Preis zu hoch erschien. Für einen Stuhl beispielsweise wurden 85,00 € verlangt und man wollte davon nichts nachlassen.
>
> Das ist doch wohl jetzt die Gelegenheit, dachten wir. Gleich früh morgens machte sich meine Frau auf den Weg. Das Möbelhaus war bereits prall voller Leute. Als meine Frau sich zu der Essgruppe durchgekämpft hatte, schmiss sich eine andere Frau mit ausgebreiteten Armen über den Tisch und schrie: ‚Alles uns! Mein Mann sucht nur noch einen Verkäufer!'

Als meine Frau auf das Preisschild blickte, traute sie ihren Augen nicht. Ein nie gesehener, hoher Preis war durchgestrichen, ein hoher Rabattsatz stand darunter und der Insolvenzpreis lautete 95,00 €. Also 10,00 € mehr als vorher (...)."

Aber (hören) lesen wir die ganze Musik. Das Stück heißt Räumungsverkauf. Da steht in der Zeitung:

Und was geht in uns vor? Es scheint, als lese der räumende Möbelhändler in unseren Gedanken. Er zielt auf unsere Jagdinstinkte, die tief in uns schlummern. Die folgende Story ist immer noch aktuell, die ein Freund mir aufschrieb:

Immer größer werden meine Augen, während ich die Anzeige in der Zeitung lese:

Beschluss: Wir geben auf! - Ohne Rücksicht auf Verluste - weit unter der Hälfte des Normalpreises - Wer jetzt nicht kommt, ist selber schuld - Die Warenbestände werden teilweise unter dem Einkaufswert abgegeben - Höchstmögliche Preisreduzierung bis zu sagenhafte 53,5% unter dem ursprünglichen Preis - Wer zuerst kommt, spart zuerst!

„Donnerwetter, sind das Sprüche!", denke ich. Bisher war mir das Möbelhaus noch gar nicht aufgefallen. Das sollte man sich mal ansehen. Eine neue Polstergarnitur könnten wir schon gebrauchen. Nachmittags nach Büroschluss packe ich Frau und Tochter ins Auto und wir sausen los.

Beim Möbelhaus ist der Parkplatz voll. Wir müssen also einige Schritte laufen und bemerken bereits aus einiger Entfernung, dass da eine Menge los ist. Ich wundere mich, denn die Schaufenster sind zugeklebt. Schilder in greller Farbe hängen dort:

Wir räumen, räumen Sie mit - Unser Verlust, Ihr Gewinn - Jetzt zugreifen. Nie mehr so billig - Machen Sie Ihr Schnäppchen - Die Gelegenheit kommt nie wieder!

Auch im Laden überall unübersehbare Plakate mit tollen Sprüchen. Was ist mit mir? Turnt mich das etwa an? Ist mein Adrenalinspiegel gestiegen? Gerate ich gar in Kaufrausch? Meine Tochter zeigt auf eine Polstergarnitur in Leder: „Guck mal, Papa. 60% reduziert!“ Sie hält nach einer Verkäuferin Ausschau. „Die Garnitur darf uns kein anderer wegschnappen!“, meint sie entschlossen.

Halt! Stopp! Langsam ... Ich hole tief Luft und ziehe mich und meine Damen zurück auf die Erde. Der rot durchgestrichene Preis kommt mir sehr hoch vor. Das muss ich genau wissen. Was kostet solch eine Garnitur woanders? Ich dränge Frau und Tochter zum Gehen...

Und siehe da, beim nächsten Möbler steht genau das gleiche Modell. Kann das wirklich wahr sein? Der Preis liegt nur 50,00 € höher. Frau und Tochter sind mit mir einer Meinung: Warum sollen wir die Garnitur im Räumungsverkauf kaufen? Schauen wir uns lieber noch etwas um.

Später erinnere ich mich, dass mir im Räumungsverkaufshaus auch ein Jagdschrank mit tollen Schnitzereien aufgefallen war. So einen hatte ich noch nie gesehen. Das wäre was für unser Kaminzimmer. Was hatte er gekostet? Vorher 8.200,00 €, jetzt 4.998,00 €? Ach, diese rot durchgestrichenen Preise!

Von der Zeitungsanzeige: „Nur noch 3 Tage“ lasse ich mich nochmals ins Haus locken. Der Schrank steht noch da. Tolle massive Eiche und beste Verarbeitung, wie ich mit den gelernten Qualitätstests feststelle.

Als ich der Verkäuferin sage: „Für 3.000,00 € nehme ich den Jagdschrank“, holt sie den Chef. Wortreich erklärt er die Vorzüge des Möbels. Vom Preis will er aber nur 15% runter, verlangt also immerhin noch 4.250,00 €. „Nein!“, sage ich, „Vielleicht überlegen Sie sich das noch. Hier ist meine Visitenkarte. Sie können mich ja anrufen.“

Der Möbler meldet sich aber nicht. Einige Tage später gehe ich spaßeshalber wieder hin. Alle Schilder sind entfernt. Am Eingang steht: „Der Räumungsverkauf ist beendet. Nur für Abholer geöffnet Montag bis Freitag 11.00 bis 17.00 Uhr.“ Die Tür ist offen, ich trete ein.

3 Personen schlendern durch die jetzt lückenhafte Ausstellung. Das dürften sicher noch Kunden sein. Siehe da, mein Jagdschrank steht immer noch an seinem Platz. Es ist schon ein herrliches Stück! Als ich mich umdrehe, sehe ich den Inhaber auf mich zukommen. Er erkennt mich wieder. „Ach Sie sind es!“, sagt er, „Ich wollte Sie anrufen, konnte aber Ihre Karte nicht mehr finden.“

Ich will es kurz machen, denn das folgende Gespräch zog sich lange hin. Ich kaufte den Jagdschrank für 3.300,00 € bei Lieferung frei Haus. Beim Hinausgehen schnappte ich ungewollt eine Bemerkung des Möbelhändlers auf, der zu einer Mitarbeiterin sagte: „Wenn ich auch nichts verdient habe, endlich ist der Schinken weg. 5 Jahre lang habe ich ihn in der Ausstellung hin und her geschoben.“

So, so. Beim Jagdschrank hat der Möbelhändler nichts verdient? Bei der Polstergarnitur aber hätte er?

Da tun sich für Sie sicher eine Menge Fragen auf. Gemach, ich komme drauf. Bleiben wir noch etwas beim Jagdfieber oder besser Kaufrausch. Ich selbst habe es bei Räumungsverkäufen vielfach erlebt, was da so abläuft:

Samstags 11.00 Uhr. Der Möbelladen ist brechend voll. Und immer noch strömen Leute hinein. Der Inhaber lehnt lässig an der Empfangstheke. Er lächelt und kann dabei sein Staunen kaum verstecken. Etwas liegt zitternd in der Luft. Kaufrausch?

Er beobachtet eine elegante Dame und einen feinen Herrn, die in einer Polstergarnitur sitzen. Sie blicken sich freudestrahlend an.

Eine Verkäuferin sitzt dabei und schreibt konzentriert in ihren Auftragsblock. Als sie fertig ist, dreht sie den Block herum und sagt: „So, gehen wir noch einmal den Auftrag durch.“ Sie liest vor, während das Paar etwas flüchtig mitliest. Dann unterschreibt der Herr mit schneller Hand, zückt seine Geldbörse und überreicht der Verkäuferin ein paar Geldscheine: Die Anzahlung.

Jetzt erheben sich alle und schütteln sich lachend die Hände. „Ich kann es noch gar nicht fassen!“, schwärmt die Dame, „Wir wollten doch nur mal schauen. Ein kleines Schuhschränkchen hätten wir noch gebraucht. Und jetzt haben wir eine Polstergarnitur gekauft!“

„Bei so einer Gelegenheit muss man eben zugreifen!“, schwadroniert die Verkäuferin, „Eine neue Polstergarnitur - und schon entfaltet sich bei Ihnen daheim ein neues Wohngefühl. Herzlichen Glückwunsch! Viel Freude mit den schönen Polstern!“

Schnell reicht die Verkäuferin den Herrschaften nochmals zum Abschied die Hand, denn sie hat bereits einen anderen Kunden entdeckt, der interessiert einen Fernsehsessel ausprobiert.

Was ist nur los bei Räumungsverkäufen ...

... macht man da wirklich so tolle Schnäppchen?

Na dann schauen wir auch hier hinter die Kulissen!

9.9.1. Was wirklich dahinter steckt

Ich möchte mich hier auf die **Räumungsverkäufe wegen Geschäftsaufgabe** konzentrieren. Andere Anlässe gibt es zuhauf, aber sie sind nicht so eindrucksvoll.

Wenn sie daran denken, einen Räumungsverkauf zu veranstalten, interessieren sich die Möbelhändler nach wie vor für ganz bestimmte Anzeigen in den Fachzeitschriften der Möbelbranche.

> Geschäftsaufgabe?
> Räumungsverkauf?
>
> Noch einmal richtig Geld machen.
> Wir wickeln diskret für Sie ab oder
> begleiten Sie beratend.
> Restbestände werden übernommen.
>
> **Zuschriften an MK Chiffre RV1**

Hier hat einer der so genannten **Räumer** inseriert. Sie firmieren meistens als Beratungsunternehmen und agieren in einer Nische der Möbelbranche. Sie bieten an:

- Planung der Aktion
- Werbekonzepte
- begleitende Geschäftsführung und Organisation
- Stellung von Verkaufspersonal (spezielle Verkaufsprofis)
- Versteigerungen
- Stellung von Liefer- und Montageteams
- Übernahme und Verwertung der übrig bleibenden Möbel
- Hilfe bei der Verwertung (Vermietung, Verkauf) der Geschäftsimmobilien.

Braucht der Möbelhändler denn überhaupt solche Dienstleister? Kann er das nicht alles selbst machen?

Wenn er noch einmal richtig Geld machen will, besser nicht. Denn für einen Profi-Räumungsverkauf mangelt es ihm oft am Know-how oder gar an Mumm. Möbelhändler, die es alleine wagten, sind selten mit Erfolg aus einer solchen Aktion herausgekommen.

Denn es ist eigentlich kein Erfolg, schon gar nicht in den Augen der Räumer, wenn die Ausstellungsstücke abverkauft wurden – und sei es bis zum letzten Blumenhocker. Und dann vielleicht sogar nur zum Selbstkostenpreis! Da wurde nur Geld gewechselt, wenn nicht gar draufgelegt.

Wenn sich Räumungsverkäufe lohnen sollen, muss man ihnen ein eigenes Gepräge geben. Da muss gepowert werden. Die Atmosphäre des Möbelhauses muss „geladen" sein, ganz anders als im normalen Verkauf. Viele kleine und große Dinge gehören dazu: Von der Werbung über die Aufmachung der Geschäftsräume, der Warenpräsentation, der besonders heißen Motivation des Verkaufspersonals bis hin zur - und das sind die entscheidenden Punkte - **Warenmenge** und zur **Preisgestaltung**.

Was die **Warenmenge** angeht, muss ich Ihnen bestätigen, was Sie vielleicht bisher schon ahnten: In den meisten Räumungsverkäufen werden nicht nur diejenigen Möbel verscherbelt, die vorher schon im Laden standen, sondern eine ganz Menge mehr. Nicht umsonst gibt es hierfür spezielle Vorlieferanten. Sie dienen sich in der Möbelfachpresse etwa so an:

Möbelsonderposten für Sonderaktionen.

Sonderaktionen? Ja, Räumungsverkäufe zählen dazu.

Natürlich liefern auch die Hersteller direkt aus ihrer laufenden Produktion. Sie fragen nicht, sondern freuen sich nur, wenn ein Möbelhändler beispielsweise statt wie gewöhnlich 2, höchstens 3 im Vierteljahr nun plötzlich 100 Schlafzimmer innerhalb eines Monats ordert. „Aha, Räumungsverkauf!", schmunzeln sie nur.

Was die **Preisgestaltung** angeht, hat Ihnen ja oben die Story meines Freundes bereits die Augen geöffnet.

Vergessen Sie also die durchgestrichenen Preise („Vorher-Preise"): Die kommen vom Mond.

Mit Wehmut werden Sie sich nun von der arglosen Vorstellung verabschiedet haben, dass bei einer Räumung die Preise echt gesenkt werden, um abgezählte Möbel schnell loszuwerden.

Schneller Umsatz Ja, aber nur bei lohnenden Preisen (lohnend für den Möbelhändler). Genau dafür sind die professionellen Räumer gut. Sie nehmen beim Räumungsverkauf das Heft in die Hand. Der Möbelhändler überlässt es ihnen gerne.

Was ich einmal einen Räumer zu einem Händler sagen hörte, ist gar nicht so unrealistisch:

„Warum wollen Sie sich denn dem ganzen Stress aussetzen? Fliegen Sie doch für ein Vierteljahr auf die Bahamas! Ich zahle Ihnen den Flug. Wenn Sie zurückkommen, dann ist der Laden leer, besenrein und ein schönes Sümmchen Geld liegt auf Ihrem Konto."

Natürlich muss der Möbelhändler für diese Räumungshilfe bezahlen: So um die 20% vom Umsatz gehen dafür drauf. Genau so viel Geld bleibt aber auch dem Möbler übrig, wenn die Aktion abgerechnet worden ist.

„Moment mal, noch etwas!", heben Sie jetzt vielleicht den Finger: „Mehr Möbel verkaufen als vor dem Räumungsverkauf im Laden standen, ist das nicht verboten?"

Nehmen Sie es mir nicht übel, aber ich muss mit einem alten Kölner Witz antworten:

Tünnes trifft Scheel nach langer Zeit wieder und fragt: „Wo warste denn so lang?" - Scheel: „Im Jefängnis" - „Wat haste denn verbrochen?" Scheel: „Isch han inneme Schwimmbatt innet Becken jepinkelt." - „Dafür Jefängnis? Dat tun doch alle!" - „Aber nit vum Dreimeterbrett!"

Spaß beiseite. Sie haben längst erkannt, warum ich Ihnen dies alles erzähle:

An einen Räumungsverkauf muss der Möbelkäufer mit einer gesteigerten Cleverness herangehen.

9.9.2. Wie man trotzdem richtig hinlangt

Feilschen ist im Räumungsverkauf noch das Wenigste, denn es gehört sowieso dazu. Oft fordert der Werbeaufmacher das Schachern geradezu heraus - gewissermaßen die Aufforderung zum Tanz. Vorher hat der auf Räumungsverkauf getrimmte Möbelkäufer aber bereits Detektiv gespielt.

Er spähte nach der **echt reduzierten** Ware. Das sind oft Modelle des Altbestandes.

Altbestand?

Das sind diejenigen Ausstellungsstücke, die vor dem Räumungsverkauf bereits den Laden zierten. Allerdings sind diese Stücke oft gar nicht so leicht zu finden, weil sie in der nun viel größeren Möbelpräsentation geschickt verstreut und versteckt werden.

Manchmal verraten die **Preisschilder**, ob es sich um alte Ausstellungsstücke handelt.

Beim Gang durch die Ausstellung gewinnen Sie einen Eindruck von der Gestaltung der Etiketten. Einige weichen in Kleinigkeiten von der Masse ab, das sind meist verschlüsselte Hinweise für die Verkäufer. Die Abweichung kann natürlich vielerlei bedeuten, aber Sie können ja mal die Spur aufnehmen!

Gefällt Ihnen ein Möbelstück mit sonderbarem Etikett, dann nutzen Sie die Ihnen inzwischen geläufigen Instrumente Qualitätstest (Ziffer 2.) und scharfer Preisvergleich (Ziffer 4.2.).

Bei bekannten Möbelmarken haben Sie es etwas leichter:

Was z.B. eine Hülsta-Anbauwand, ein Wackenhut-Schlafzimmer, eine Voglauer-Eckbankgruppe, eine Schlaraffia-Matratze, eine deSede-Polstergarnitur oder ein Ketteler-Gartenstuhl allgemein kostet, das liegt offen auf dem Markt.

> Machen Sie sich immer die Mühe zu prüfen, ob nicht auch andere Möbelhäuser einen nahezu gleichen oder gar niedrigeren Preis für das identische Stück verlangen.

Im Möbelhaus mit dem Räumungsverkauf brauchen Sie dann ein dickes Fell und viel Geduld. Bei dem ersten Verkaufsgespräch und am Anfang der Verkaufsaktion werden Sie selten eine deutliche Reduzierung des Räumungsverkaufspreises erreichen können. Gehen Sie deshalb ruhig mehrmals hin! Sie können das noch am letzten Tag tun, am besten sogar **nach dem offiziellen Ende der Aktion!**

Natürlich kann das begehrte Stück in der Zwischenzeit verkauft worden sein. Aber was soll's! Anderswo bekommen Sie es ebenso günstig (oder teuer) - auch ohne Räumungsverkauf.

Bei Ihren Besuchen im Räumungsverkauf-Möbelhaus werden Sie, vorausgesetzt die Aktion ist professionell organisiert, einem weiteren Phänomen begegnen, nämlich dem...

... Verkaufspersonal.

Wie die Verkäufer/innen sich an Sie heranmachen und es verstehen, Sie unter Druck zu setzen, **ohne** dass es Ihnen unangenehm wäre, ist oft meisterlich! Diese Verkaufsprofis werden Ihnen ganz genau erklären, warum Sie hier und jetzt kaufen müssen.

„Schon im nächsten Augenblick kann Ihnen ein anderer das begehrte Möbelstück weggeschnappt haben! So etwas passiert im Räumungsverkauf ständig!“, ist die Quintessenz, die Ihnen in unzähligen Variationen eingetrichtert werden soll.

Ich glaube aber nicht, dass Sie sich jetzt noch davon beeindrucken lassen!

Folgend die Zusammenfassung:

> Suchen Sie im Räumungsverkauf nach den echt reduzierten Möbeln. Meistens sind dies Modelle des **Altbestandes**, also Möbel, die vor der Aktion bereits lange im Laden standen. Diese Stücke finden Sie meistens, wenn Sie die Gesamtheit der Preisauszeichnungsschilder nach abweichenden, oft unauffälligen Merkmalen absuchen.
>
> Markenstücke sind auch hin und wieder im Altbestand zu finden. Da deren Preise offen auf dem Markt liegen, haben Sie es leichter zu beurteilen, ob sie echt reduziert sind.

> Wenden Sie auch im Räumungsverkauf immer die Qualitätstests und den scharfen Preisvergleich an. **Durchgestrichene Preise interessieren nicht**, sie wollen am (selten echt) reduzierten Räumungsverkaufs-Preisrad drehen.
>
> Wenn im ersten Verkaufsgespräch der Räumungsverkaufspreis nicht ausreichend gesenkt wird, dann wiederholen Sie Ihre Besuche so lange, bis Sie Ihren Preis haben. Das kann sogar noch **nach dem offiziellen Ende** des Räumungsverkaufs sein.
>
> Sie bewundern zwar die Verhandlungstalente des Verkaufspersonals, lassen sich aber nicht von Ihrem Ziel abbringen.

Zum Schluss die zentrale Aussage zu diesem Kapitel:

Räumungsverkäufe können dem Möbelhändler immer noch eine Menge Geld einbringen. Für Sie kann ein echtes Schnäppchen drin sein - wenn Sie es richtig anstellen.

Richtig bedeutet auch in diesem Fall, nach der skizzierten Strategie des cleveren 5-Schritte-Möbeldeals vorzugehen.

10. Musterbeispiel eines cleveren Möbelkaufs

10.1. Die Kaufvorbereitungen

Kaum jemand handelt wie Petra (Ziffer 3.1.). Sie war einfach in ein Möbelhaus gegangen und hatte dort alle Möbel für ihre neue Wohnung auf einen Schlag gekauft. Insgesamt 19.000,00 € gab sie dafür aus. Sie können sich ausrechnen, was da für den Händler übrig blieb!

Nun gut, Petra mag für ihre Aktion gute Gründe gehabt haben. Die Regel ist ein solches Verhalten jedoch nicht.

Planvolles Vorgehen ist das oberste Gebot, denn es geht beim Möbelkauf meistens um sehr viel Geld.

Am Anfang steht der Wunsch. Man will ein bestimmtes Möbelstück haben. Manchmal ist es auch eine ganze Wohnungseinrichtung. Dann sollte man aber aufteilen und sich nacheinander auf Einzelstücke konzentrieren: Das Schlafzimmer, die Polstergarnitur, die Essgruppe, die Küche, die Wohnwand usw.

Was Sie bisher nicht beachtet oder gar weggeworfen haben, das sollten Sie sich jetzt genau anschauen:

Zeitungsanzeigen, Prospekte, Kataloge etc.

So werden Ihnen immer mehr Einzelheiten über Ihr neues Möbelstück bewusst!

Machen Sie sich Gedanken über die **Funktionalität** des Möbels:

- ✓ Soll die Polstergarnitur auch zum Schlafen dienen, wenn Gäste über Nacht bleiben?
- ✓ Muss der Kleiderschrank Schiebetüren haben, weil Platzmangel herrscht?
- ✓ Soll es bei der Essgruppe ein Kulissentisch sein, weil oft ein großer Familien- oder Freundeskreis zu bewirten ist?

Dann kommen Ihre **Qualitätsansprüche.**

Hauptsächlich werden Sie fordern, dass die Möbel lange halten und schön bleiben sollen.

Auch der Komfort gehört dazu: Entspanntes Sitzen, bequemes Liegen, einfache Handhabung, problemlose Reinigung ... und schon haben Sie sich in verschiedene Preissegmente begeben. Ihr Geldbeutel sagt Ihnen, wo Sie Halt machen müssen.

Jetzt auf in die Landschaft des Möbelhandels! Auf zum cleveren 5-Schritte-Möbeldeal.

In den Möbelhäusern - nicht in allen - wird man Sie ansprechen. Scheuen Sie sich nicht vor einem langen und ausführlichen Gespräch mit den Verkäufern. Betrachten Sie es als Informationsquelle. Denn Informationen kann man nie genug sammeln.

> Wichtig ist nur, dass Sie sich in diesem Stadium der Kaufvorbereitung **nicht überrumpeln und vorschnell zu einer Unterschrift verleiten lassen** - sei das Angebot noch so verlockend oder sei die Höhe des vermeintlichen Rabatts noch so hoch!

Sie müssen einen langen Atem haben. Sie verpassen nichts. „Und wenn, dann sollte es so sein“, hörte ich oft Kunden sagen, denen man mit dem Argument „verpasste Gelegenheit“ eine schnelle Entscheidung abringen wollte.

Möbelhäuser gibt es en masse und Möbel sowieso. Sie werden Ihr Wunschmöbel schon bekommen, aber erst muss alles stimmen.

Die Möbelhändler natürlich werden innerlich mit den Zähnen knirschen. Da laufen diese „Sehleute“ in Scharen in der Ausstellung herum, sammeln Informationen, kaufen aber nicht! Und da gibt es noch spezielle Typen, die machen sich an den Möbelstücken in eigenartiger Weise zu schaffen. Was wollen die eigentlich?

Doch wieder zurück zu Ihnen. Irgendwann sind Sie so weit. Vor Ihnen steht ein Möbelstück, von dem Sie sagen: Das könnte es sein!

Öffnen Sie Ihre unsichtbaren Koffer Qualitätstest (Ziffer 2.) und scharfer Preisvergleich (Ziffer 4.2.) und packen Sie aus, unter anderem das spezielle Instrument Möbelidentifizierung (Ziffer 4.3.)

Es dauert vielleicht etwas, aber dann sind Sie wieder verschwunden (Das war es, was der Möbelhändler so verwundert beobachtet hat).

Sie kennen jetzt Ihr Wunschmöbel genauer. Sie wissen, wer der Hersteller ist und haben wichtige Unterscheidungsmerkmale gecheckt. Ich muss allerdings darauf hinweisen, dass es beim ersten Mal mit der Möbelidentifizierung vielleicht nicht ganz klappt. Dann müssen Sie eben im nächsten Möbelhaus weitermachen.

Die Ausstellungsfläche der Möbelhäuser in ihrer Gesamtheit ist riesig. Alleine die 50 größten Möbelhäuser in Deutschland bringen es zusammen auf über 2,3 Mio. Quadratmeter - voll gestopft mit Möbeln.

> Ignorieren Sie die kleinen und / oder spezialisierten Möbelhäuser nicht. Im Gegenteil: Oftmals erhalten Sie dort eine bessere Beratung und günstigere Hauspreise als bei den Möbelriesen.

Schon müde? Die Schnäppchenjagd kann manchmal etwas anstrengend sein...

Doch schließlich sind Sie so weit. Jetzt können Sie kaufen!

10.2. Kaufabschluss und Kaufvertrag

Der clevere Möbelkäufer achtet darauf, dass er seinen Möbelkauf mit einem perfekten Kaufvertrag krönt. Denn nicht alle Kaufverträge sind in unserem Sinne mustergültig.

Leider allzu oft fängt nach dem Kauf der Ärger an. Wappnen Sie sich, um immer auf der Siegerseite zu stehen.

Bis zum Kaufabschluss haben Sie viel Zeit und Energie investiert. Deshalb darf es die spätere Kaufreue, wann und warum auch immer sie eintreten könnte, bei Ihnen nicht geben.

Begleiten wir also ein Pärchen beim Endlauf des cleveren Möbelkaufs. Es sind Ilse und Werner, langjährige Freunde von mir.

> Sie legten zunächst fest, was beschafft werden sollte: Eine Polstergarnitur und eine Schrankwand.
>
> Dann schauten Sie in Ihren Geldbeutel und erkannten, dass sein Inhalt, nämlich so um die 5.000,00 € insgesamt, für das mittlere Preissegment reicht.
>
> Anschließend streiften Sie durch die Möbellandschaft und fanden Gefallen an einer schön geblümten Polstergarnitur und einer Schrankwand in Kirschbaum furniert.
>
> Sie testeten nun die Qualität und die war wirklich klasse! Sie identifizierten die Stücke als
>
> **Schrankwand LANA**
>
> **Breite 340 cm, Höhe 220 cm, Tiefe 37/55 cm**
> **Amerikanischer Kirschbaum, Farbe honig**
>
> **Hersteller: Gwinner, Pfalzgrafenweiler**

Clever wie sie sind, konnten sie sogar eine Aufbaugrafik des in einem Möbelhaus aufgestellten Ausstellungsstückes ergattern:

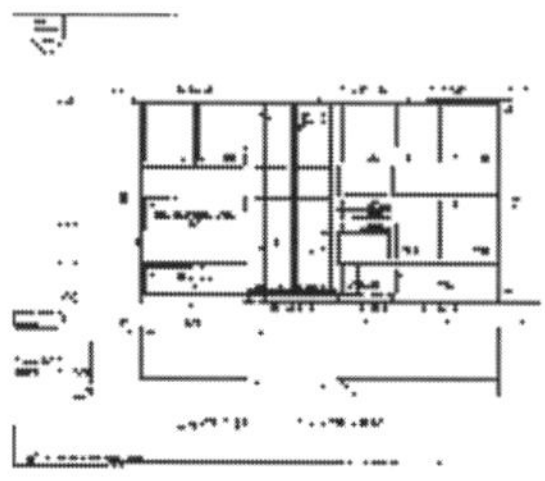

Polstergruppe QUEENS
Stoffbezeichnung: Leticia Parchment

3er-Sofa, 2er-Sofa, Sessel und Hocker
5 Kuschelkissen
3 Paar Armlehnenschutz

Hersteller: Medallion Upholstery Ltd., Abertillery, England

In einem Möbelhaus gab man ihnen ein Stoffmuster mit dem Aufkleber: 100% Cotton Satin, Schmutz abweisend.

Um die Preise zu vergleichen, hatten sie insgesamt 8 Möbelhäuser aufgesucht. 5 Möbelhändler boten ihnen die Schrankwand LANA an, leider nur 2 die Polstergarnitur QUEENS. Die Preise schwankten jeweils um rund 500,00 €.

Die niedrigsten Preise waren:

Schrankwand LANA	**3.498,00 €**
Polstergarnitur QUEENS	**4.198,00 €**

„Fast 7.700,00 Euro können wir dafür aber nicht aufbringen!“, bedauerten Ilse und Werner. Wir ziehen also los, um an der Preisschraube zu drehen.

Ein Möbelhaus führte beide Modelle gleichzeitig, die anderen jeweils nur eines von beiden. Wir suchen zuerst das Haus auf, das beide Modelle führt.

Das übliche Vorgeplänkel mit dem Verkäufer ist bald vorbei und wir kommen zur Sache. „Polstergarnitur und Schrankwand für zusammen 6.000,00 €“, bieten wir an. Der Verkäufer erwidert empört: „Das geht auf keinen Fall. Da macht der Chef bestimmt nicht mit!“ - „Können wir mal mit dem Chef sprechen?“, frage ich. Der Verkäufer holt ihn herbei.

Der Chef ist ein etwas korpulenter, schwitzender Herr, der zunächst ganz freundlich argumentiert. Am Preis könne er nicht viel machen. 5% Skonto wolle er aber zugestehen. Als ich von seinem „höheren Spielraum“ rede, wird er zunehmend unwirsch.

Glatte 7.000,00 € stehen schließlich im Raum. Ilse und Werner verstehen meinen Blick, und wir wenden uns zum Gehen. „Sie werden sehen!“, sagt der Möbler zum Abschied, „Günstiger werden Sie die Möbel nirgendwo bekommen!“

Wir fahren zum Händler mit der Polstergarnitur QUEENS. Denn jetzt wollen wir wissen, was zu erreichen ist, wenn wir uns nur auf die Einzelstücke konzentrieren.

Dieser Möbler macht nach langem Palaver ein besseres Angebot. Wir sollen das Ausstellungsstück für 3.200,00 € nehmen. Die Frage, ob er diesen Preis bis morgen Abend aufrechterhalten könne, beantwortet er mit einem Ja.

Am anderen Tag suchen wir in der Frühe nochmals das erste Möbelhaus auf. Noch ist kein Verkäufer zu sehen. Der Chef nickt uns von seinem Büro aus zu.

Als wir ihm sagen, für welchen Preis wir die Polstergarnitur als Ausstellungsstück bei einem Mitbewerber kaufen können, will er wissen bei wem, und ob das auch wirklich die gleiche Garnitur ist. Wir verraten nichts und bleiben weiterhin stur bei unserem Preis.

„Wenn Sie bei mir beide Ausstellungsstücke nehmen, will ich gerne noch einmal rechnen!“, sagt er nach einigem Zögern und verschwindet in seinem Büro.

In der Zwischenzeit schaue ich mir die Schrankwand genau an. Sie hat leichte Kratzer - zum Glück nur an 2 unauffälligen Stellen. Ich weise den Chef darauf hin.

„Das beseitigen meine Handwerker noch heute“, sagt er und meint nach kurzer Überlegung: „Also, wenn Sie beide Stücke so nehmen wie sie sind, dann mache ich die 6.000,00 €. Allerdings muss ich dann 50,00 € zusätzlich für die Lieferung und den Aufbau verlangen.“

Wir ziehen uns in einen anderen Teil der Ausstellung zurück und beraten. Das gesetzte Limit von 5.000,00 € wird zwar überschritten, doch die 1.000,00 € zusätzlich können noch aufgebracht werden.

Ich bestärke Ilse und Werner darin, dass beide Modelle von guter Qualität sind. Die Kratzer am Schrank sind leicht zu entfernen. Das Furnier ist wunderschön: Alles ausgesuchte und gleichmäßige Furnierblätter.

Wir schlagen zu!

Halt! Nein, noch nicht endgültig. Es ist vorsorglich eine Frage zu klären, um vielleicht später aufkommende Probleme zu vermeiden:

> Welche Transportmaße (Packungsgrößen) haben die Möbel? Lassen sie sich durch ein enges Treppenhaus transportieren, bringt man sie durch schmale Türen hindurch?

Wir haben die Maße von Treppen und Türen dabei. Der Chef sieht sich das an, prüft nach und sagt: „Da gibt es keine Probleme."

Gut, dann werden wir das auch in den Kaufvertrag schreiben lassen.

Inzwischen ist der Verkäufer aufgetaucht und der Chef bittet ihn, den Auftrag zu schreiben.

Ilse und Werner machen die üblichen persönlichen Angaben. Wir sehen dem Verkäufer zu, wie er die Daten der Auszeichnungsschilder in das Kaufvertragsformular überträgt. Dann will er den Vermerk schreiben:

„Ausstellungsstücke wie gesehen"

Hier schreiten wir ein.

Denn jetzt geht es ans Eingemachte: An die **Lieferungs- und Zahlungsbedingungen**. Man nennt sie auch kurz das **Kleingedruckte**.

Deshalb möchte ich an dieser Stelle das Kaufbeispiel vorübergehend verlassen und zunächst über die Rückseite von Kaufverträgen reden. Ja, es ist meistens die Rückseite der Vertragsformulare, auf der oft für den Käufer gefährliche Minen explodieren.

10.3. Das Kleingedruckte

Was sollen eigentlich die ganzen Lieferungs- und Zahlungsbedingungen? „Da gibt es doch Gesetze“, sagen Sie. Richtig. Genau das ist der entscheidende Punkt.

Bis zur, bei der und auch nach der Lieferung der Möbel tritt leider immer wieder allerlei Ungemach auf. Stichwort: **Reklamationen**. Selbst bei den besten Möbelhäusern bzw. Markenmöbeln kommen sie vor.

Verbraucherschutzgesetze regeln hier einiges. Darauf komme ich weiter unten noch näher zu sprechen. Diese Gesetze jedenfalls möchte der Möbelhändler **mit dem Kleingedruckten „ausdünnen“. Falls Möbelärgernisse auftreten...**

... möchte er möglichst fein raus sein!

Denn es geht ja letztlich wieder mal ums Geld, sprich um die Reklamationskosten.

Nicht zum Spaß unterhalten renommierte Möbler eigens eine „Stabsstelle Reklamationen“. Reklamationsbearbeitung ist ein beträchtlicher Kostenfaktor. Mancher Möbelhändler gibt mit Stolz bekannt, dass in seinem Laden die Reklamationsquote auf 5% gesenkt werden konnte. Das verkündet er aber nur intern. Das ist nichts für seine Kunden. Denn die würden erschrecken, wenn Sie sich die absoluten Zahlen vor Augen halten:

Beträgt beispielsweise der Jahresumsatz eines mittelgroßen Möbelhauses 5 Mio. Euro, bedeutet dies ca. 3.000 Kaufabschlüsse. Bei einer Reklamationsquote in Höhe von 5% gibt es also Ärger mit 150 Kunden. Das sind 3 Fälle mit Zoff pro Woche!

Und ein Möbelriese mit 800 Mio. Euro Jahresumsatz muss sich mit mindestens 60 maulenden Kunden pro Geschäftstag herumschlagen.

Von den 15 Millionen Möbelkäufern in Deutschland sind es so um die 500.000, bei denen der Möbelkauf nicht glatt läuft - aus den verschiedensten Gründen.

10.3.1. Die häufigsten Ärgernisse

Ich will mit ein paar Beispielen aus dem prallen Leben aufwarten. Dazu habe ich einige Leserbriefe ausgewählt, die ich verkürzt wiedergebe.

Fall 1 - Unendliches Warten

> „(...) Ich habe ich ein Schlafzimmer gekauft, das nach 6 Wochen geliefert werden sollte. Jetzt, nach 6 Monaten, ist es immer noch nicht da. Ich habe bereits die Hälfte bezahlt."

Fall 2 - Nase voll

> „(...) Wir haben eine Polstergarnitur bestellt, welche laut Kaufvertrag in 8 Wochen geliefert werden sollte. Die Frist ist jetzt abgelaufen. Heute erhielten wir ein Schreiben, dass der Liefertermin in 6 Wochen sein soll. Wir möchten aber nicht mehr so lange darauf warten. Welche Möglichkeiten bestehen, den Kaufpreis schnellstmöglich zurückzuerhalten?"

Fall 3 - Messeärger

> „(...) Besteht die Möglichkeit, den auf einer Messe abgeschlossenen Vertrag und den anschließenden Kaufvertrag innerhalb einer Frist zu kündigen?"

Fall 4 - Montage nix

„(...) Heute wurde endlich die Eckbankgruppe geliefert. Der Fahrer weigerte sich aber, sie auch aufzubauen. Im Kaufvertrag stehe nur ‚Lieferung frei Haus'. Von Montage sei keine Rede. Er benötige dafür mindestens 2 Stunden. Sein Chef werde ihm die Hölle heiß machen, wenn er heute sein Auslieferungspensum nicht schaffe."

Fall 5 - Ärger bei Selbstmontage

„(...) Vom SB-Markt des großen Möbelhauses haben wir den rollbaren Computertisch, in flachen Kartons verpackt, gleich mitgenommen. Die Montage zu Hause war sehr mühevoll. Nach 3 Stunden Arbeit stellte mein Mann fest, dass eine Schraube fehlte. Er musste 2 Mal zum 30 km entfernten Möbelhaus fahren, bis er die richtige Schraube hatte. Können wir Kostenersatz verlangen?"

Fall 6 - Abzocken hinten herum

„(...) Die Designercouch hat eine Lieferzeit von 6 Monaten. Das haben wir akzeptiert. Aber jetzt, 5 Monate nach dem Kauf, schreibt uns der Möbelhändler, dass der Hersteller in der Zwischenzeit den Lieferpreis erhöht habe. Er will nun 100,00 € mehr. Zu der Preisnachforderung sei er aufgrund der Lieferungs- und Zahlungsbedingungen berechtigt. Müssen wir den Mehrpreis zahlen?"

Fall 7 - Kaufreue

„(...) Vorige Woche habe ich noch den Kaufvertrag unterschrieben. Heute war ich in einem anderen Möbelhaus. Dort steht genau meine Stil-Essgruppe von Selva. Sie ist 400,00 € billiger. Ich möchte nun den Kaufvertrag rückgängig machen und hier kaufen (...)"

Fall 8 - Gibt's nicht mehr

„(...) Essgruppe bestellt. Nach einigen Tagen teilte man mir am Telefon mit, dass es die nur noch in einer etwas geänderten Ausführung gibt. Ich erklärte mich telefonisch einverstanden. Jetzt habe ich in einem anderen Möbelhaus aber eine Essgruppe gefunden, die genau meinen Wünschen entspricht. Kann ich vom Kaufvertrag zurücktreten?"

Fall 9 - Möbelmacken

„(...) Meine Schwester hat sich vor ca. 3 Monaten eine Polstergarnitur gekauft, die gestern geliefert wurde. Meine Schwester, die alleine zu Hause war, sah sich kurz alles an und entdeckte keine Mängel. Mein Schwager aber, der erst abends von der Arbeit kam, entdeckte, dass beide Sessel an der Rückseite eingedellt sind, was man nur fühlen, jedoch nicht sehen kann.

Auf telefonische Reklamation sagte man ihnen, dass die Sessel nicht so ohne weiteres umgetauscht werden können. In 14 Tagen will ein Sachverständiger des Möbelhauses vorbeikommen und sich den Schaden anschauen. Was meinen Sie, wie stehen die Chancen auf einen Umtausch? Zum Glück wurde bis jetzt noch nichts bezahlt ..."

Fall 10 - Preis-Dessert

„(...) Ich habe 6 Stühle angezahlt. Die üblichen 10%. Nun rief mich der Verkäufer an und sagte mir, dass sich der Preis wegen Minderabnahme beim Großhändler erhöht. Soll ich nun den erhöhten Preis zahlen? Immerhin sind das 13,00 € pro Stuhl."

Fall 11 - Noch mal Kaufreue

„(...) vor 2 Tagen einen Kaufvertrag über einen Schreibtisch unterschrieben, welcher im Nachhinein zu teuer erworben wurde. Wäre für Ihre Hilfe dankbar."

Fall 12 - Von wegen Nachbesserung

„(...) sind die Sitzmöbel an 2 Stellen nicht sauber verarbeitet. Der Möbelhändler weist darauf hin, dass er laut Lieferungs- und Zahlungsbedingungen ein Recht zur 3-maligen Nachbesserung habe. Ich will die Möbel aber nicht mehr ..."

Fall 13 - Himmelhohe Anzahlung

„Guten Tag Herr Günther, vor einer Woche habe ich einen Kaufvertrag über ein Schlafzimmer (ca. 3.300,00 €) bei Möbel E. unterschrieben mit Liefertermin Ende Juli. Der Verkäufer sagte, dass eine Anzahlung von 1.300,00 € bis zum 18.02. fällig ist. Mir war die Anzahlung zwar damals gefühlsmäßig zu hoch, aber ich dachte mir als Laie, es wird schon richtig sein, was dieser Verkäufer von mir verlangt. Inzwischen habe ich aber gelesen, dass eine Anzahlung von sogar 20% zu hoch sei.

Eine Rücksprache mit dem Verkäufer erbrachte nichts. Er beharrt auf seiner 40% Anzahlung. Was empfehlen Sie mir? Wenn ich die 1.300,00 € vermutlich nicht anzahle, bin ich ab 19.02. in Verzug und laut den Geschäftsbedingungen auf der Rückseite des Kaufvertrages, auf die ich nicht aufmerksam gemacht worden bin, wird dann mein Gehalt gepfändet? Nach Aussage des Verkäufers soll ich froh sein, dass ich nur (...) Wie soll ich mich weiter verhalten?"

Hier mache ich Schluss. Dass es sich um 13 Fälle handelt, ist rein zufällig. Oder ist die 13 die mystische Ärgerzahl?

Mit Recht wollen Sie auch wissen, wie man aus solchem Schlamassel wieder rauskommt. Wie ich es in den einzelnen Fällen machen würde, habe ich im **Anhang C Musterbriefe bei Möbelärger** aufgezeigt.

Sicherlich kann der eine oder andere Musterbrief auch in Ihrem Fall für Sie nützlich sein. Am besten ist aber, wenn es erst gar nicht zu Ärger kommt.

10.3.2. Wie das Kleingedruckte, so der Händler

Sie verstehen jetzt, warum so mancher Möbelhändler besonderen Wert auf sein Kleingedrucktes legt: Denn wenn etwas schief geht, dann sollen die Folgen und Lasten auf die Schultern des Käufers gepackt werden.

Wenn man sich die Mühe macht, die Rückseite der Kaufvertragsformulare genauer anzusehen, dann zeigt sie uns wie in einem Spiegel, **mit welchen Ärgernissen sich der Möbelhändler bisher herumgeschlagen hat und wie er künftig damit umgehen will**. Interessant, nicht wahr?

Ich fasse das mal zusammen:

- Liefertermine und -verzögerungen

  Möblers Maxime: Und wenn noch so viel Zeit vergeht, ich bin für nichts haftbar. Der Kunde aber muss immer pünktlich und vollständig zahlen.

- Teillieferungen

  Möblers Maxime: Ich bin berechtigt, z.B. die Essgruppe in mehreren Teilen zu liefern. Erst den Tisch und dann 2 Mal je 3 Stühle. Die Zeit zwischen den Einzellieferungen spielt keine Rolle.

- Zugesicherte Produkteigenschaften

  Möblers Maxime: Qualitätsbeschreibungen verpflichten nicht mich, höchstens den Hersteller.

- Mängel und Reklamationen

  Möblers Maxime: Ich kann mehrmals hinfahren und nachbessern. Dazu bedarf es keiner Eile. Rücknahme und Ersatz gibt es nicht.

- Rücktrittsmöglichkeiten

  Möblers Maxime: Der Käufer muss immer zahlen, auch wenn alles schief läuft. Ich aber kann jederzeit aus einem Vertrag raus.

- Zahlungsmodalitäten (z.B. Anzahlung, Restzahlung)

  Möblers Maxime: Hohe Anzahlung, hohe Strafen bei Zahlungsverzug, Geld zurück behalten gibt es nicht. Selbst beim so genannten Bargeschäft im SB-Bereich (Mitnahmemöbel), bei dem die Möbel an der Kasse bezahlt und gleich ins Auto geladen werden, verzichtet mancher Möbler nicht auf Fußangeln für den Käufer. Auf der Kassenquittung steht beispielsweise: „Es gelten die in den Geschäftsräumen ausgehängten Lieferungs- und Zahlungsbedingungen."

2 Bonbons aus Kleingedrucktem will ich noch im Wortlaut zitieren:

- „Bei einer Freihauslieferung erfolgt der Transport nur bis zum 3. Stockwerk einschließlich. Ist eine Lieferung aufgrund der Räumlichkeiten des Käufers mit besonderen Aufwendungen verbunden, gehen diese zu seinen Lasten."

  Es kann also teuer werden, wenn die Wohnung in der 4. Etage liegt und das Treppenhaus eng ist!

- „Der Verkäufer braucht nicht zu liefern, wenn der Hersteller die Produktion der bestellten Ware eingestellt hat oder Fälle höherer Gewalt vorliegen."

  Manchmal hat ein Möbelhändler schon von höherer Gewalt gesprochen, wenn er vom Hersteller nur deshalb nicht mehr beliefert wurde, weil er seine Rechnungen nicht bezahlt hat. Und dann kein Wort von Ersatzlieferung oder Schadensersatz!

Dass der Gesetzgeber uns vor manchen dieser Eskapaden zumindest etwas schützt, ist ein anderes Kapitel.

Und was machen wir nun? Nach weiteren Gesetzen rufen?

Aber nicht doch. **Wir pochen einfach darauf, ...**

... dass das Kleingedruckte (AGB) in den Vertragsformularen vollständig gestrichen wird!

Die gesetzlichen Regelungen genügen vollauf, und zwar für beide Seiten!

10.4. Gesetze regeln genug

Es fiel oben bereits das Wort Verbraucherschutzgesetze. Verbraucherschutz hört sich für uns Möbelkäufer eigentlich ganz gut an. Es bestätigt uns aber gleichzeitig, dass uns jemand ans Leder will. Wir wissen auch wer das ist.

Weil mit dem Kleingedruckten Schindluder getrieben werden kann, schuf man das Gesetz über die Allgemeinen Geschäftsbedingungen (AGB). Weil im Versandhandel und beim Internetkauf so mancher über den Löffel barbiert wurde, kam das Fernabsatzgesetz.

Damit der Schutz noch etwas mehr schützt, setzte unser Parlament am 01.01.2002 eine Schuldrechtsreform in die Welt. Man kann jetzt auch alles an einer Stelle nachlesen: Das gute alte Bürgerliche Gesetzbuch (BGB) ist die Fundstelle.

Ich will versuchen, Ihnen den Gesetzesschutz mit Volkeszunge näher zu bringen - die Juristen unter Ihnen mögen mir verzeihen.

Nennen wir einfach das, was nicht in Ordnung ist, Reklamation. Dann ergeben sich folgende Hauptfragen und Hauptantworten:

- **Was** kann ich reklamieren?

Grundsätzlich alle Fehler und Mängel an den Möbeln. Ein Mangel ist es auch, wenn das Möbelstück nicht hält, was versprochen wurde (Werbeversprechen). Besonders interessant: Auch eine Montageanleitung für den Selbstaufbau muss verständlich sein (Stichwort: IKEA-Klausel).

- **Wie** kann ich reklamieren?

Ich muss nichts nachweisen, allerdings nur innerhalb der ersten 6 Monate. Ich muss aber die Reparatur dulden. Dazu kann ich Fristen setzen. Klappt die Reparatur bzw. Nachbesserung 2 Mal nicht, steht mir ein Preisnachlass zu oder ich gebe das Ding zurück und bekomme mein Geld wieder (Minderung bzw. Wandlung des Kaufvertrags). Besonders interessant:

Wenn mir zu Ohren kommt, dass der Möbelhändler nicht mehr in der Lage sein könnte, einwandfrei zu liefern, kann ich meine Zahlung zurückhalten.

- **Wie lange** kann ich reklamieren?

2 Jahre lang. Nach 3 Jahren ist alles verjährt und damit aus.

Ein Sonderfall ist der so genannte Werkvertrag (Besonders interessant beim Kauf einer individuell geplanten Einbauküche). Hier sind es 5 Jahre.

Schön an diesen Regelungen ist für Sie als Verbraucher, dass in keinem Fall davon abgewichen werden kann. Wenn das Kleingedruckte oder ein Ladenaushang etwas anderes sagt, so ist das nicht wirksam.

Ist doch eigentlich genug. Mehr wollen wir gar nicht. Oder?

Wo Gesetze sind, da sind auch Gesetzeslücken. Und kaum ein Gesetz erfasst alle Wechselfälle des Lebens. Also werden die Möbelhändler andere Klauseln für ihr Kleingedrucktes finden. Nicht mit uns. Wir beharren auf einem blanken Kaufvertrag.

> Wenn Sie eine komplette Streichung des Kleingedruckten (AGB) nicht erreichen können, sollten Sie zumindest darauf drängen, dass diejenigen Klauseln, die Ihnen „spanisch“ vorkommen, gestrichen werden.

Und wenn auch das nicht geht, dann verzichten wir auf den Deal und lassen den kleinkarierten ... äh ... kleinbedruckten Möbelhändler stehen. Lieber ein Ende mit (leichten) Schrecken, als Schrecken ohne Ende.

Außerdem wissen wir doch: Die Möbellandschaft ist so riesig, dass sicher ein anderer Möbler da ist, der dasselbe Möbelstück ohne Kleingedrucktes liefert - vielleicht sogar günstiger.

10.5. Unser mustergültiger Kaufvertrag

Kleingedrucktes steht in unserem mustergültigen Kaufvertrag im Idealfall also nicht. Aber einiges muss unbedingt hinein. Ich möchte das in 4 Blöcke einteilen.

Der 1. Block muss enthalten:

Den Hersteller des Möbels und die genaue Modellbezeichnung.

Achten Sie darauf, dass Hersteller (besonders wichtig im Falle einer Handelsmarke (siehe Ziffer 7.2.), Modellbezeichnung, Stückzahl, Zusammenstellung, Ausführung, Maße und eventuell auch die Artikelnummer des Händels penibel eingetragen werden.

Tipp zur Zusammenstellung:

> Bei Polsterkombinationen (z.B. Eckgruppe mit Ottomane) auf richtige Zuordnung achten. 2er Couch oder Ottomane rechts oder links? Von wo aus gesehen: Von vorn, von hinten? Lassen Sie eine kleine Handzeichnung fertigen. Am besten auf dem Kaufvertrag oder als Anlage.
>
> Notfalls machen Sie die Zeichnung selbst und lassen sie vom Verkäufer unterschreiben.

Tipp zur Ausführung:

> Manchmal sind die Bezeichnungen nicht eindeutig. Beispielsweise „Schrankwand Eiche echt“. Echt ist sowohl furniert, als auch massiv. Dann muss es möglicherweise heißen „Front massiv, Korpus furniert“.

Tipp zu den Maßen:

> Es handelt sich bei den Angaben durchweg um Zirka-Maße. Wenn es eng wird, messen Sie lieber zu Hause noch einmal nach und rechnen 2 - 5 cm Spielraum ein.

Der 2. Block muss enthalten:

Alles, was Sie mündlich ausgehandelt haben und was das Möbelstück für Sie so wertvoll macht.

Insbesondere die Qualitätsmerkmale, welche Ihnen in hohen Tönen gesungen wurden, sollten hier schriftlich festgehalten sein, selbst wenn oder gerade weil der Gesetzgeber Werbeversprechen als verbindlich erklärt hat. Sie wollen, dass der Händler für Schadstofffreiheit, Holzzertifikate, Abriebfestigkeit von Bezügen, Pflegeleichtigkeit („Flecken sind im Nu weg!"), Rückstellvermögen des Polsterschaums, Garantiezusagen usw. geradesteht.

Tipp:

> Lassen Sie sich die Werksbeschreibung des Hersteller zeigen und dann den Vermerk anbringen: „Produktbeschreibungen und Herstellerangaben zur Qualität und Pflege sind verbindlich."

Wenn Sie ein Möbelstück direkt aus dem Laden nehmen, will der Verkäufer oft in den Vertrag schreiben: „Ausstellungsstück wie gesehen." Sie sollten auf dem Zusatz bestehen: „Versteckte Mängel berechtigen zu Wandlung oder Minderung." Wandlung bedeutet Rücktritt vom Vertrag, Minderung heißt den Preis herabsetzen.

Im 3. Block müssen stehen:

Liefervereinbarungen

Versuchen Sie, einen fixen Liefertermin zu erreichen. Das mindeste ist die Festlegung der Lieferwoche (Kalenderwoche). Davon sollten Sie nicht abgehen. Auch die telefonische Lieferankündigung spätestens am Vortag sollte zur Pflicht gemacht werden.

Tipp:

> Bei der Lieferankündigung können Sie darauf bestehen, dass ein konkreter Lieferzeitpunkt genannt wird. Ein Zeitfenster von 2 Stunden („Lieferung zwischen 10 und 12 Uhr") ist angemessen.

Und wenn Sie innerhalb dieses Zeitfensters für 5 Minuten kurz weg müssen, haben die Lieferanten zu warten und dürfen nicht einfach eine zweite Anfahrt berechnen.

Die Lieferkosten sollte der Möbelhändler tragen: „Lieferung und Montage kostenlos.“ Gelingt das nicht, bestehen Sie darauf, dass ein Festbetrag eingetragen wird. Vergessen Sie nicht die Montage, damit die Packstücke nicht einfach so in Ihre Wohnung gestellt werden.

Und wenn bei Ihnen zu Hause das Treppenhaus eng ist und die Türen schmal sind, lassen Sie in den Kaufvertrag hinein schreiben: „Die Raummaße des Lieferortes wurden bekannt gegeben. Das Risiko des Transports trägt der Verkäufer.“

Der 4. Block enthält:

Zahlungsvereinbarungen

Ein sehr wichtiger Punkt ist die Anzahlung. Wenn überhaupt, nie mehr als 10% Anzahlung akzeptieren. Eine Ausnahme wäre, wenn Ihnen die höhere Anzahlung mit einem mächtig reduzierten Preis schmackhaft gemacht wird.

Möglichst die Einbehaltung eines Restbetrags - ebenfalls 10% - vereinbaren. Diesen zahlen Sie erst 4 Wochen nach Lieferung. Als Entgegenkommen hierfür sind Sie bereit, die Hauptsumme (Preis ./. Anzahlung ./. Restbetrag) sofort bei Lieferung in bar zu bezahlen.

Das wäre es zunächst hierzu. Sie haben also den/die Einrichtungsberater/in dazu gebracht, aus einem blanken Kaufvertragsformular einen für Sie mustergültigen Kaufvertrag zu machen.

Sehen Sie sich anschließend das Formular an und kontrollieren Sie die Eintragungen in Ruhe. **Vielleicht entdecken Sie noch etwas!**

Zum Beispiel könnte über der Unterschriftszeile (also nicht beim Kleingedruckten) stehen: „Der Kunde ist 2 Wochen an den Auftrag gebunden. Der Kaufvertrag gilt als abgeschlossen, wenn der Auftrag innerhalb dieser Frist bestätigt wird.“

Das bedeutet, dass der Verkäufer einen Kaufvertrag gar nicht abschließen darf! Er schreibt nur einen Auftrag. Der Chef will prüfen, ob er ihn gnädig annimmt oder höflich ablehnt. Lassen Sie das ruhig stehen. Es ist nämlich ein Spieß, den Sie umdrehen können: Weil der Kauf 14 Tage in der Schwebe bleibt, haben auch Sie die Möglichkeit, die Sache gegebenenfalls nachzubessern oder ganz abzublasen. Toll, was?

Ich möchte noch einmal ganz allgemein auf die **Zahlungsvereinbarungen** eingehen.

In punkto **Anzahlungen** stehe ich persönlich nicht auf dem Standpunkt: Niemals. Man kann Anzahlungen auch als Hebel benutzen, um bessere Konditionen herauszuschlagen. Aber das wissen Sie am besten selbst. Wenn Sie zu der Überzeugung gekommen sind, so etwas nicht zu machen, dann geht das in Ordnung. Falls Sie eine größere Anzahlung leisten sollen, empfehle ich, diese durch eine **Bankbürgschaft** absichern zu lassen.

Oben empfahl ich auch **Kaufpreiszurückbehaltung**: Nach der Lieferung wird ein Restbetrag etwa 4 Wochen lang zurückbehalten. Diese Zeit braucht man, um festzustellen, ob es Mängel gibt, die erst bei Nutzung des Möbels zutage treten. Beispiel: Ungewöhnlich starke statische Aufladung des Mikrofaserbezugs.

Es ist gut, wenn eine Einbehaltung im Kaufvertrag steht. Wenn Sie einbehalten, ohne es vereinbart zu haben, könnte das möglicherweise ein Nachteil im Reklamationskampf sein. Also lassen Sie in den Kaufvertrag beispielsweise hineinschreiben:

Anzahlung bei Vertragsabschluss	**600,00 €**
Zahlung bei Lieferung	**4.850,00 €**
Restzahlung	**600,00 €**
Kaufpreis insgesamt	**6.050,00 €**

Wenn alle 4 Blöcke geklärt und festgehalten sind, könnten Sie eigentlich das Papier unterzeichnen.

Tun Sie das trotzdem bitte erst dann, wenn Sie sich absolut sicher sind, dass Sie

- ✓ Ihr Wunschmöbel auch bei diesem Händler kaufen wollen.
- ✓ den Kaufvertrag nochmals in allen Punkten genauestens geprüft haben.

Denn beim Kauf in einem Möbelhaus haben Sie nämlich entgegen dem immer noch weit verbreiteten Irrglauben kein Widerrufsrecht. Das existiert nur in wenigen Ausnahmefällen (siehe Ziffern 8. und 9.4.)

Im Falle eines Vertragsstornos Ihrerseits - aus welchen Gründen auch immer - würde Ihnen der Händler völlig berechtigt **25% der Kaufsumme als Schadensersatz** in Rechnung stellen.

Dieser durch zahlreiche Gerichtsurteile bestätigte Schadensersatzanspruch besteht ab demjenigen Zeitpunkt, zu dem Sie Ihre Unterschrift geleistet und den Kugelschreiber beiseite gelegt haben.

Jetzt aber wieder zurück zu Ilse und Werner. Die Abbildung rechts zeigt, wie deren Kaufvertrag in all seinen Bestandteilen aussieht, die wir dem Händler abgerungen haben. Lediglich die Sache mit der Bankbürgschaft für die Anzahlung habe ich aus Vereinfachungsgründen weggelassen. Sie sollten das allerdings nicht tun.

Müller Wohnen Kaiserstr. 12 76133 Karlsruhe

WERNER UND ILSE LUTZ
TALSTR. 23
76133 KARLSRUHE

MÜLLER
WOHNEN
Kaiserstr. 12
76133 Karlsruhe
Tel.: (07 21) 82 45 02 22

Tel.-Nummer Kunde: 0721-12364

Kaufvertrag und Rechnung Nr. 3054 Datum: 02.01.

Verkäufer: DOLLER	Liefertermin ~~ca.~~ 15.01.
Lieferbedingung:	Anzahlung: 600,00 EURO ERHALTEN
Zahlungsbedingung:	

Artikel-Nr.	Menge	Artikelbezeichnung	Einzelpreis	Summe
234-44	1	SCHRANKWAND LANA (GWINNER) AMERIKANISCHER KIRSCHBAUM FURNIERT FARBE HONIG BREITE CA. 340 CM, HÖHE CA. 220 CM		
165-87	1	POLSTERGARNITUR QUEENS (MEDALLION UPHOLSTERY) BEZUG STOFF LETICIA PARCHMENT 3ER, 2ER, SESSEL, HOCKER 5 KUSCHELKISSEN 3 PAAR ARMLEHNENSCHUTZ		
		SONDERPREIS		6.000,00 EURO
		LIEFERUNG/MONTAGE		50,00 EURO
		SUMME		6.050,00 EURO

AUSSTELLUNGSSTÜCKE WIE GESEHEN. VERSTECKTE MÄNGEL BERECHTIGEN ZUR WANDLUNG ODER MINDERUNG DES VERTRAGS. PRODUKTBESCHREIBUNGEN DER HERSTELLER SIND VERBINDLICH.

ZAHLUNG 4.850,00 EURO BAR BEI LIEFERUNG. RESTZAHLUNG AM 29.01. 600,00 EURO

~~Durch die Unterschrift erkennt der Käufer die umseitigen Kauf-, Zahlungs- und Lieferbedingungen ausdrücklich an. Der nebenstehende Endbetrag hat nur Gültigkeit, wenn dieser bei der Lieferung sofort an den Fahrer bezahlt wird.~~

Werner Lutz
Unterschrift des Kunden

Frank Doller
Unterschrift des Verkäufers

Bankverbindung: Postbank Karlsruhe
IBAN: DE56 6601 0075 1928 2507 57
Sitz der Gesellschaft: Karlsruhe
Amtsgericht Karlsruhe HRB 3114
Geschäftsführer: Martin Müller

11. Alle 99 Tipps und Tricks auf einmal

Diese Zusammenfassung ist für den eiligen Leser und zum schnellen Nachschlagen bestimmt. Dazu muss ich aber eine Grundsatzbemerkung machen: Wer beim Möbelkauf keine Zeit hat - aus welchem Grund auch immer - läuft Gefahr, draufzuzahlen. Deshalb: Wenn ein Tipp das Problem getroffen hat, nach dessen Lösung Sie suchen, dann blättern Sie bitte zurück und vertiefen Sie sich in die ausführlichen Darlegungen.

Die Kaufvorbereitungen

1

Verschaffen Sie sich Klarheit darüber, welche **Anforderungen** Sie an ein Möbelstück stellen wollen. Denken Sie insbesondere an die **Funktion** dieses Möbels, z.B.

- ✓ bei der Polstergarnitur: Soll sie auch eine Schlafgelegenheit bieten?
- ✓ beim Kleiderschrank: Schiebetüren wegen Platzmangels?
- ✓ bei der Essgruppe: Kulissentisch, weil oft viel Gäste bewirtet werden?

2

Wenn Sie ein Zimmer oder gar eine Wohnung vollständig einrichten wollen, dann ist oft die **Unterteilung in Einzelbeschaffungen** sinnvoll, z.B.

- ✓ Wohnzimmer: Schrankwand, Polstergarnitur, Couchtisch
- ✓ Schlafzimmer: Kleiderschrank und Bettanlage komplett, Matratzen und Rahmen extra
- ✓ Esszimmer: Tischgruppe, Vitrinen und Sideboards

3

Ordnen Sie Ihren Möbelwunsch in die **Preissegmente** des Möbelmarktes ein. Wenn Sie dann Qualitätstests vornehmen, können Sie beurteilen, ob der jeweilige Preis gerechtfertigt ist. Und Ihr Geldbeutel sagt Ihnen, ob Sie es sich leisten wollen oder wie weit Sie den Preis drücken müssen, um es sich leisten zu können.

Qualität bei Polstermöbeln

4

Setzen Sie sich tief und gelockert über längere Zeit (ca. 5 Minuten) in den Sessel oder das Sofa. Lehnen Sie sich fest an. Prüfen Sie, ob sich ein Gefühl der Entspannung einstellt.

5

Schauen Sie sich den Nähteverlauf über die gesamte Garnitur hinweg näher an. Drücken Sie an verschiedenen Stellen in die Nähte hinein. **Gleichmäßige Nähte** ohne Aufriss oder Beulen bedeuten gute Qualität.

6

Die **Reißfestigkeit einer Naht** prüfen Sie, indem Sie beide Hände rechts und links davon flach auflegen, die Daumen dicht an der Naht. Dann ziehen Sie das zusammengenähte Material auseinander bis die Stiche sichtbar sind. Je enger die Stiche, desto haltbarer die Naht.

7

Drehen Sie einen Sessel um. Die Unterseite wird mit einem Spannstoff abgedeckt sein, der mit Tackern befestigt ist. Prüfen Sie, ob der Saum des Spannstoffs umgelegt, und dort hinein die Tacker gleichmäßig gerade eingeschossen sind. **Gerader Sitz der Tackerung** deutet auf sorgfältige Verarbeitung - auch der übrigen Konstruktion - hin.

Wenn eine Borte die Tacker abdeckt, zeugt dies allein noch nicht von guter Verarbeitung, denn es könnte auch Tarnung für eine nachlässige Tackerung sein. Durch die Borte hindurch fühlen Sie aber, ob die Tacker exakt sitzen.

8

Mit der **Fingerprobe** testen Sie das **Rückstellvermögen des Formschaums:** Mit den Knöcheln der gekrümmten Zeige- und Mittelfinger drücken Sie die Sitzfläche ca. 10 Sekunden kräftig ein und lassen wieder ruckartig los. Jetzt streichen Sie mit der flachen Hand sanft über die Druckstelle. Ist eine Delle zu spüren, bildet sie sich zwar nach kurzer Zeit wieder zurück, bei Qualitätsschaum entsteht sie aber erst gar nicht.

9

Bei einer qualitativ guten Polstergarnitur haben die verarbeiteten Schäume mindestens folgendes **Raumgewicht** (in kg/m³):

- ✓ Sitz und Sitzunterbau: 35 bis 38
- ✓ Rücken und Rückenunterbau: 25 bis 28
- ✓ Seitenteile und Armlehnen: 25 bis 30

10

Bei **Stoffbezügen** fragen Sie den Möbelhändler, ob die **Scheuerbeständigkeit und Pillingneigung** geprüft wurde. Lassen Sie sich die Prüfergebnisse zeigen. Falls Ihnen der Möbelhändler derartiges nicht vorweisen kann, ist Vorsicht geboten.

11

Lassen Sie sich die **Stoffkollektionen** zeigen und blättern Sie ungeniert darin. Es müssen Angaben zur Stoffzusammensetzung und zu den Stoffeigenschaften zu finden sein. Fehlen solche, kann es sich nur um Billigstoffe handeln. Außerdem vermittelt Ihnen das Hineingreifen in die handliche Stoffprobe einen besseren Eindruck vom Stoff, als Sie ihn durch Befühlen der Polstergarnitur erhalten können. Auch die Stoffrückseite lässt Rückschlüsse auf die Stoffqualität zu.

12

Achten Sie auf Markenzeichen für ein **Bearbeitungsfinish**, z.B. Dupont Antron®, Scotchgard ® oder Teflon®:

DUPONT ANTRON

Scotchgard Imprägnierung

13

Lassen Sie sich immer eine **Lederprobe** zeigen. Fordern Sie beim Kauf, dass man Ihnen ein kleines Lederstück aushändigt. So können Sie dann später überprüfen, ob auch das richtige Leder geliefert wurde.

14

Die **Schadstofffreiheit** wird durch geschützte Signets gekennzeichnet: PCP-frei, FCKW-frei. Achten Sie darauf!

15

Die **Knieprobe** ist der Test für die **Federkernpolsterung:** Legen Sie ein Knie auf die Sitzfläche und drücken Sie es wippend hinein. Wenn Sie ein stufenloses Zurückfedern empfinden, und/oder wenn Sie etwa ein leichtes Knacken verspüren, dann sind tatsächlich Stahlfedern eingebaut. Bei einem **Schaumstoffunterbau** sinkt das Knie ohne Zurückfedern ein.

Spüren Sie direkt etwas Hartes, dann könnten es Stahlfedern sein, die nicht ausreichend ummantelt oder abgedeckt sind. Auf diese Weise können Sie also auch bei Federkernkonstruktionen minderwertige Qualität feststellen.

Schließlich gibt die Knieprobe auch Hinweise darauf, ob eine gute **Unterfederung (Nosag®-Federung)** eingebaut wurde. In diesem Fall müssten Sie ein schwungvolles Auf und Ab deutlich verspüren.

16

Die Verarbeitungsgüte der beim **Gestell** verwendeten Holzwerkstoffe (z.B. Spanplatten) können Sie in etwa abschätzen, wenn Sie mit der Faust **leicht auf die Rückseite eines Sessels klopfen.**

Klingt es hohl oder drückt sich die Fläche gar mit einem Plopp ein, dann können Sie von einer minderwertigen Spanplattenverarbeitung ausgehen. Es dürfte sich um Holzfaserplatten handeln, die weniger wertvoll sind.

17

In **Formschaum (Kaltschaum) integrierter Federkern** verspricht hohe Polsterqualität. Fragen Sie danach und lassen Sie es sich als zugesicherte Produkteigenschaft im Kaufvertrag bestätigen.

Qualität bei Matratzen

18

Für den individuellen Liegekomfort gibt es **kein Patentrezept**. Wer hart und gestreckt liegen will oder muss, sollte einen Bonellfederkern wählen. Wenn dieser dann noch kompakt gebaut ist (stärkerer Federstahl, verstärkte Federverbindungen, kräftiger Umbau und Drell), verteilt sich das Körpergewicht auf die Fläche, weil die 4 wesentlichen Aufliegezonen - Kopf, Schultern, Gesäß und Beine - kaum einsinken.

19

Wer seinen Körper in natürlicher, wohliger Lage festgehalten haben will, der wird besten Schlaf auf Taschenfederkernmatratzen oder Schaumstoff- bzw. Latexmatratzen finden.

20

Wer im Schlaf zum Schwitzen neigt, konzentriere sich auf Federkernmatratzen (Bonellfedern oder Taschenfedern). Schaumstoffmatratzen mangelt es oft an ausreichender Luftzirkulation.

21

Wer mit Allergien zu kämpfen hat, sollte sich nach Latexmatratzen mit speziell präparierten Umbaumaterialien umsehen.

22 Die Liegefläche pro Person sollte möglichst 100 cm breit sein. Für die Länge gilt: Körpergröße plus 20 cm. Standardlängen sind aber leider nur 190 und 200 cm.

23 Immer eine **Liegeprobe** machen. Die Probematratze darf nicht in der üblichen Folie verpackt sein und soll in einem Bett auf dem passenden Lattenrost liegen. Mantel oder Jacke ausziehen. Dicke Kleidung verfälscht das Liegegefühl. Einige Minuten in verschiedenen Körperlagen verharren.

Qualität bei Bettrahmen (Lattenrosten)

24 Die beste Matratze verliert ihren Liegekomfort, wenn der Unterbau (Bettrahmen) nicht dazu passt. Für alle Matratzenarten gut geeignet sind Lattenroste, bei denen der Lattenabstand nicht größer als 3 cm ist. Die Anzahl der Latten beträgt dann 28.

Die federnden Latten sollten aus mindestens 7 Schichten verleimten Holzes bestehen. Meistens kann man die Holzschichten an den Lattenkanten erkennen und nachzählen.

25 Die Latten sind mit Laschen am Rahmen befestigt. Das Laschenmaterial (Kautschuk oder gummiartige Kunststoffe) sollte trotz hoher Festigkeitsanforderungen dauerhaft geschmeidig sein. Streichen Sie sanft mit dem Daumennagel darüber, um einen Eindruck von der Geschmeidigkeit zu gewinnen.

26 Achten Sie bei **Motorrahmen** darauf, dass Kopf- und Fußteil unabhängig voneinander steuerbar sind - am besten mit 2 Motoren. Zudem muss das Kopfteil bis zur Sitzposition aufstellbar sein.

Qualität bei Polsterbetten

27

Polsterbetten mit lose aufliegenden Matratzen sollten Sie bevorzugen. Wie bei einem normalen Bettgestell können Sie hier alle möglichen Matratzen hineinlegen und herausnehmen, wann und so oft Sie wollen. Polsterbetten mit fester Polsterung muss man meistens wegwerfen, falls sich bei der Matratze irgendein Schaden ergibt.

28

Achten Sie beim Polsterbett besonders auf den Bettrahmen. Der Lattenabstand sollte auch hier höchstens 3 cm betragen.

Qualität bei Wasserbetten und Futon

29

Sehen Sie sich die einzelnen Konstruktionsteile beim **Wasserbett** genau an, um so eventuelle Schwachstellen zu entdecken: Kann Wasser austreten? Könnte die Gefahr eines elektrischen Schlages bestehen?

Legen Sie sich vor dem Kauf auf das Bett und wälzen Sie sich herum. Auch das kann Ihnen einiges offenbaren. Achten Sie darauf, dass die Modelle auf mechanische und elektrische Sicherheit geprüft wurden. Dafür stehen die Zeichen „GS“ und „VDE“.

30

Bei **nachträglich eingebauten Wassermatratzen** sollten Sie unbedingt darauf achten, dass die Seitenteile sowie Kopf- und Fußteile des vorhandenen Bettgestells mit der eingefügten Wassermatratzenkonstruktion fest verbunden werden. Am besten geschieht das mit der Bodenplatte. Denken Sie an das enorme Gewicht. Hält die Fußbodendecke das aus?

31

Wenn Sie Liebhaber von **Futon** sind, sollten Sie daran denken, dass Sie sich zusätzliche Arbeit aufladen. Der Futon sollte täglich aufgerollt werden. Das lockert das Inlett, lüftet aus und die Vliesfüllung verhärtet nicht.

Qualität bei Kastenmöbeln

32

Kastenmöbel sind Wohnwände, Schlafzimmer, Vitrinen, Sideboards usw. Sind sie aus Echtholz gebaut, können sie massiv oder furniert sein. Denn nach den DIN-Normen sind Kastenmöbel

- ✓ **Echt,** wenn alle sichtbaren Teile aus der angegebenen Holzart bestehen (massiv oder furniert)
- ✓ **Massiv,** wenn alle Teile massiv (das ist durch und durch) aus der bezeichneten Holzart produziert und nicht furniert sind. Ausnahmen: Schubladenböden und Rückwände.
- ✓ **Furniert,** wenn alle sichtbaren Teile bzw. Flächen aus der genannten Holzart furniert sind.

Furnier ist ein dünnes Blatt eines Holzes, das durch Schälen, Messern oder Sägen vom Baumstamm oder Stammteil abgetrennt und auf eine Spanplatte aufgetragen wurde. Es gilt also herauszufinden, was massiv und was furniert ist.

33

Schauen Sie sich beispielsweise die Rückseite eines Wohnzimmerschrankes an. Ist dies nicht möglich, weil er vielleicht dicht an einer Wand steht, befühlen Sie die **rückwärtige Kante einer Seitenwand.**

Ist es Furnier, dann bemerken Sie deutlich die rauere Oberfläche der Spanplatte zwischen den Furnierblättern. Allerdings kann zur Tarnung eine Folie darüber geklebt sein! Ist es Massivholz, dann sind die Kanten der Hinterseite meistens leicht angeschrägt, was vom Glattschleifen herrührt.

34

Die **Spiegelprobe** gibt weiteren Aufschluss: Öffnen Sie beispielsweise die Tür eines Kleiderschranks und legen Sie einen **Handspiegel** auf den Boden direkt unter die Unterkante der Tür.

Beim Furnier sehen Sie jetzt die Spanplatte zwischen den Furnierblättern. Falls auf die Kante eine Folie geklebt wurde, ist diese einfarbig ohne Holzmaserung. Massivholz zeigt gerade an der Unterkante die typischen Holzstrukturen (Jahresringe).

35

Um zu erkennen, ob bei einer **Oberfläche** nur eine **Nachbildung (Folie)** vorliegt, müssen Sie genau hinschauen und abtasten. Die Folie ist glatter als Echtholz mit seinen Poren (Maserung). Sollten Sie eine leichte Oberflächenstruktur fühlen, ist es eine täuschend echte Holzimitation!

Suchen Sie dann nach einer Beschädigung der Oberfläche, und sei sie noch so winzig. Jeder Schrank hat irgendwo eine kleine Macke. Und da haben wir den Unterschied: **Folie drückt sich ein, echtes Holz reißt auf.**

36

Auch ein direkter **Vergleich mit Echtholzmöbeln,** die in einem Möbelhaus sicher irgendwo in der Nähe stehen, schafft Klarheit. Denn Naturholz ist unverkennbar individuell, ungleichmäßig und die Holzmaserung (Poren) ist leicht ertastbar.

Eine Holznachbildung dagegen erscheint wie gemalt. Die Maserzeichnung ist über sämtliche Flächen gleichmäßig und wiederholt sich in ihren Mustern. Das rührt daher, dass, vereinfacht gesagt, ein **Foto auf eine Folie** übertragen wurde.

37

Die **Stabilität von Kastenmöbeln** ist mit der herkömmlichen Rüttelprobe kaum zu beurteilen. Trotzdem sollten Sie z.B. an einem Kleiderschrank heftig wackeln.

Wenn er ächzt und stöhnt, dann sollten Sie misstrauisch werden.

38

Der stabile Zusammenhalt hängt weitgehend von den **Beschlägen** ab. Metallbeschläge sind zu bevorzugen. Sie sollten eingelassen (versenkt) sein. Bei schweren Türen sind Stangenscharniere stabiler als Topfbänder.

39

Schubkästen funktionieren am Besten auf kugelgelagerten Teleskopschienen. Ziehen Sie eine Schublade bis zum Anschlag heraus und **drücken sie vorne leicht hinunter.**

Gibt sie stark nach, ist die Qualität nicht besonders.

Qualität bei Esstischen und Stühlen

40

Bei **Esstischen** ist die **Wackelprobe** ein aufschlussreicher Qualitätstest. Stellen Sie sich an eine Schmalseite des Tisches und greifen Sie links und rechts fest um die Plattenkanten. Ihr Oberkörper darf dabei nur leicht gebeugt sein. Mit gleichzeitigem Druck nach unten geben Sie dann mehrmals einen Schub nach vorne und wieder zurück.

An der Längsseite des Tisches fassen Sie die Tischplatte mit Daumen nach unten. Dabei sollte Ihr Oberkörper etwas stärker nach vorn gebeugt sein. Führen Sie wieder die gleichen **Schubbewegungen** aus. Total unbeweglich wird nur ein massiger, schwerer Tisch stehen. Leichte Schwingungen sind dagegen unbedenklich.

41

Ausziehtische setzen Sie einer **abgewandelten Wackelprobe** aus. Nehmen Sie sich einen Stuhl und setzen Sie sich an eine Kopfseite des völlig ausgezogenen Tisches.

Stützen Sie Ihre Unterarme auf die Platte auf und drücken Sie dann nach unten. Die Platte darf nur geringfügig federn. So simulieren Sie einen tatsächlichen Gebrauch. Denken Sie daran, was nicht alles bei einer ausgelassenen Tischgesellschaft passieren kann!

42

Ausziehtische, das fordert schon der Name, immer ganz ausziehen. Hierbei erkennen Sie, ob die **Auszugsmechanik einfach und leichtgängig** ist. Außerdem können Sie dann feststellen, ob die Beschreibung der Tischplatte den Tatsachen entspricht. Bei Holzplatten z.B. erkennen Sie an der jetzt frei liegenden Innenkante, ob diese tatsächlich massiv oder nur furniert sind. Wie Sie das testen, das wissen Sie schon von den Kastenmöbeln her.

43

Bei **Kulissentischen** sollten Sie immer darauf achten, dass die Fußteile beim Auszug mit gleiten. Nur so ist eine **stabile Abstützung an den Kopfenden** der riesigen Fläche gesichert.

44

Auszugsplatten und Hauptplatte sollten in Maserung und Farbton übereinstimmen. Nur das ist gute Qualität. Wenn die Maserung der Auszugsplatte in Querrichtung gegenüber derjenigen der Hauptplatte verläuft, dann kann man das unter Umständen noch akzeptieren, Farbabweichungen jedoch nicht.

45

Die **Plattenoberfläche von Holztischen** sollte versiegelt sein, um Fett, Wasser, Alkohol und andere Verschmutzungen leicht abwischen zu können. Eine gewisse Kratz- und Schnittfestigkeit ist ebenfalls vonnöten. Eine Überprüfung dieser Eigenschaften können Sie leider nicht vornehmen. Sie müssen sich hier auf die Herstellerangaben verlassen. Sie sollten sich allerdings die **Produkteigenschaften** im Kaufvertrag zusichern lassen.

46

Bei **Stühlen** testen Sie die **Stabilität,** indem Sie sich neben den Stuhl stellen, dann mit der einen Hand an die Lehnenoberkante und mit der anderen an die Vorderkante des Sitzes fassen. Kippen Sie jetzt den Stuhl leicht nach hinten, so dass er auf den beiden hinteren Füßen steht. Drücken Sie den Stuhl fest auf den Boden und vollführen Sie kräftige **Drehbewegungen.** Falls die Konstruktion wenig stabil ist, spüren Sie, wie der gesamte Aufbau nachgibt.

47

Stühle sind meistens aus **Buchenholz** gebaut, auch wenn andere Hölzer genannt werden. Die Buche wurde dann umgebeizt. Die Beschreibung muss demgemäß lauten: Buche massiv...

- ✓ ... erlefarbig
- ✓ ... nussbaumfarbig
- ✓ ... kirschbaumfarbig.

Die Edelhölzer Nussbaum und Kirsche im Original sind bei Stühlen seltener zu finden sein. Wenn Eiche und Esche genannt werden, sollte es aber das Originalholz sein.

48

Edelhölzer erkennen Sie an der Maserung (siehe Anhang A). **Nussbaum und Kirsche** z.B. haben sehr typische Strukturen. Wenn es **umgebeizte Buche** ist, dann finden Sie kaum Masern. Auch die jeweilige Farbe des Edelholzes kann kaum originalgetreu erreicht werden.

Drehen Sie den **Stuhl** um und schauen Sie von unten auf diejenigen Stellen, an denen die Zargen miteinander verbunden sind. Irgendwo gibt es kleine Bereiche, an denen die Beizfarbe das hellere Buchenholz nicht ausreichend abgedeckt hat.

49

Polsterstühle sind dann hochwertig, wenn sie gefedert sind, am besten mit Spiralfedern. Nosag®-Federn bieten weniger Sitzkomfort. Der Federungsart können Sie prüfen, wenn Sie den Stuhl umdrehen. Bei Spitzenfabrikaten ist die Unterseite mit Spannstoff abgedeckt. In diesem Fall können Sie die Federn durch den Stoff hindurch fühlen.

50

Für **Couchtische aus Holz** gelten die gleichen Holztests wie bei Esstischen. Stichwörter: Massiv, teilmassiv, furniert, Oberflächenbehandlung, nachgeahmte Hölzer (z.B. Buche kirschbaumfarbig gebeizt), Plattenversiegelung usw.

51

Fragen Sie nach der **Holzzertifizierung.** Sie gilt zunächst für den Forstbetrieb, der den Wald bewirtschaftet. Nach dem Grundsatz: „Ist der Wald gut, ist das Holz gut" werden Standards festgelegt und Gütesiegel verliehen.

Durch **Produktkettenzertifizierung** wird die Gütekontrolle durch die Verarbeitungs- und Handelsstufen fortgeführt. Beispiele:

FSC ©　　　　PEFC™

Lassen Sie sich gegebenenfalls die Zertifizierung im Kaufvertrag bestätigen.

52

Auch wenn Möbel vor lauter **Gütezeichen, Zertifikaten und Prüfsiegeln** nur so prangen: Verzichten Sie nie auf die einfachen Qualitätstests dieses Ratgebers!

Möbelpreise

53

Die Verkaufspreise bei Möbeln enthalten meistens einen Handelsaufschlag von 80% auf den Einkaufslistenpreis **(80er-Kalkulation)**.

Viele Möbelhändler arbeiten mit der **Mischkalkulation.** Sie rechnen mit unterschiedlichen Handelsaufschlägen. Einzelne Möbelstücke erscheinen besonders günstig. Sie sollen die Kunden ins Haus locken. Die anderen Möbel jedoch sind hoch kalkuliert. Diese sollen die Kunden kaufen.

Manchmal wird die so genannte **Spielraumkalkulation** angewendet. Der Möbelhandel begegnet damit dem zunehmend in Mode gekommenen Feilschen der Möbelkäufer.

Im Rahmen eines kalkulierten Spielraums gibt er dem Drängen des Käufers auf einen niedrigeren Preis nach, ohne seine Gewinnerwartung aufgeben zu müssen.

Alle Kalkulationsmethoden zielen auf einen **Gewinn vor Steuern von mindestens 20% der Verkaufserlöse** (durchschnittliche Gewinnerwartung, Umsatzrendite). Ein Beispiel in absoluten Zahlen: Bei einem Verkaufserlös (Umsatz) von 1.000.000,00 € sollen 200.000,00 € vor Steuern übrig bleiben.

Die Handelsaufschläge verraten jedoch wenig über die individuelle Gewinnmarge des Möbelhändlers. **Der tatsächliche Gewinn liegt meistens um einiges höher.** Das gelingt den Händlern durch bessere Einkaufskonditionen, die sie sich über Einkaufsverbände verschaffen.

Der clevere Möbelkäufer möchte davon etwas abhaben. Deshalb hat er den **Operationswert-20** im Hinterkopf, wenn er mit dem Möbelhändler über den Preis verhandelt.

54

Preisverhandlungen sind beim Möbelkauf nicht mehr wegzudenken. Das **Feilschen mit dem Verkaufspersonal ist aber meistens nicht sehr ergiebig**. Hier muss der Chef (Inhaber, Prokurist, Abteilungsleiter) her!

55

Die **Preise von Markenmöbeln** sollten für Sie nicht unantastbar sein. Obwohl die so genannte Preisdisziplin bei den Markenmöblern (noch) weitgehend hält, versuchen Sie trotzdem, den Markenpreis zu erschüttern. Aber erwarten Sie bitte **keine Preiswunder.** Allzu weit lässt sich die Preisdisziplin der Markenhändler nicht untergraben.

Preisvergleich und Möbelidentifizierung

56

Der clevere Möbelkäufer begnügt sich nicht mit einem herkömmlichen Preisvergleich à la Preisagentur. Er vergleicht „scharf".

Der **scharfe Preisvergleich** beginnt immer mit der Bestimmung der **Identität des Möbelstücks:**

- ✓ Wer ist der Hersteller?
- ✓ Wie bezeichnet der Hersteller das Modell?
- ✓ Wie sind die Abmessungen?
- ✓ Wie wird das Holz beschrieben?
- ✓ Gibt es typische Merkmale?
- ✓ Welche Bezeichnung hat der Bezugsstoff?

Wenn Sie diese Fragen direkt stellen, dann macht das den Verkäufer oder Händler in aller Regel misstrauisch. Die Klappe fällt zu. Sie müssen deshalb Umwege gehen und wie ein Detektiv agieren.

57

Als **Vorarbeit** kann es hilfreich sein, das **Werbematerial** (Zeitungsanzeigen, Streuprospekte, sonstige Veröffentlichungen) nach Herstellernamen, Herstellersignets und Markenzeichen zu durchsuchen.

58

In den Möbelhäusern ermitteln Sie **undercover** weiter. Wecken Sie zuerst den Beratungsinstinkt des Verkäufers („Ach, ich hab ja so wenig Ahnung!“) und spielen Sie die Rolle des unwissenden Kunden, der wirklich kaufen will. Erzählen Sie z.B., warum Sie das Möbel kaufen, und wo Sie es in Ihrer Wohnung aufstellen wollen.

Fragen müssen Sie laienhaft und überzeugend stellen! Verwenden Sie dabei keine Spezialbegriffe von sich aus. Das ist nämlich das Gebiet des Verkaufspersonals.

59

Suchen Sie bei Ihrem Gang durch die Ausstellung nach den **Herstellerangaben** auf bzw. bei den gewünschten Möbelstücken:

Suchen Sie nach **Signets, Aufklebern oder Beschriftungen** an Türen, in Schubläden, an Konstruktionsteilen, an Seitenwänden, an Rückwänden etc. Schauen Sie besonders in Schubläden und Fächern nach. Oft liegen hier irgendwelche Prospekte, Montageanleitungen und Beschlagbeutel mit der Bezeichnung des Herstellers!

60

Falls bei **Kastenmöbeln** die Identität jetzt noch nicht klar ist, nochmals auf das Verkaufspersonal zugehen und es durch geschickte Gesprächsführung veranlassen, Verkaufsunterlagen, Kataloge usw. herzuholen.

Schauen Sie dann den Verkäufern über die Schulter oder versuchen Sie, die **Kataloge selbst in die Hand zu bekommen.** Die Kataloge enthalten die gesuchten Herstellernamen und Modellbeschreibungen, die Sie sich merken müssen.

61

Eine geschickte Gesprächsführung enthält **Fragen nach machbaren Veränderungen.** Fragen Sie z.B. nach

- ✓ anderen Maßen
- ✓ weiterem Zubehör
- ✓ anderen Zusammenstellungen
- ✓

Und immer wollen Sie die Änderungen sehen, zumindest auf einer Abbildung oder Typenliste (Begründung: Sie können sich es sonst nicht vorstellen). Spätestens jetzt dürften Sie Hersteller und Modell herausgefunden haben.

62

Bei **Polstermöbeln**, oder weiter gefasst, bei allen Möbeln mit Stoff/Lederverarbeitung geben die **Stoffkollektionen** die gewünschten Informationen. Es sind meist umfangreiche Kataloge, oft sogar eine Art Servierwagen mit schön geordneten Stoffmustern. Hier finden Sie die Herstellerangaben, insbesondere auch die genaue Bezeichnung des Bezuges, ohne den ein Vergleich nicht möglich ist. Wichtig ist, dass Sie eine **Originalkollektion** in die Hand bekommen oder zumindest Blicke darauf werfen können. Oft werden einzelne kleine Stoffmuster auf den Polstern ausgelegt. Diese verraten aber meistens nicht das, was Sie wissen wollen.

Fragen Sie das Verkaufspersonal, ob es die Garnitur noch mit einem anderen Bezug gibt, weil dieser oder auch andere ausliegende Muster Ihnen nicht gefallen. Oder Sie wollen wissen, aus welchen Materialien der Bezug besteht, und möchten daher gerne die Beschreibung sehen. Meistens bringt man Ihnen die Kollektion und Sie können darin forschen.

63

Grasen Sie die Möbelhäuser ab, um **identische Stücke** zu finden. Oft geht dann die Detektivarbeit von neuem los. Haben Sie das Möbelstück gefunden, von dem Sie meinen, dass es identisch ist, müssen Sie sich natürlich dementsprechend vergewissern. **Nur so gelangen Sie zu den Preisen, die echt vergleichbar sind.** Für den cleveren Möbelkauf ist dieses Vorgehen unerlässlich.

64

Ignorieren Sie die kleinen und / oder spezialisierten Möbelhäuser nicht. Im Gegenteil: Oftmals erhalten Sie dort eine bessere Beratung und **günstigere Hauspreise** als bei den Möbelriesen.

65

Lassen Sie sich in diesem Stadium des Kaufs **nicht überrumpeln und vorschnell zu einer Unterschrift verleiten** - sei das Angebot noch so verlockend oder sei die Höhe des vermeintlichen Rabatts noch so hoch!

Der clevere 5-Schritte-Möbeldeal

66

Gehen Sie bei Ihrem Möbelkauf nach dem **5-Schritte-Möbeldeal** vor:

1. Schritt:	Hersteller herausfinden
2. Schritt:	Beim Hersteller nach den Möbelhändlern fragen
3. Schritt:	Bei den Möbelhändlern die Hauspreise ermitteln und daraus den gängigen Marktpreis errechnen
4. Schritt:	Auf den gängigen Marktpreis den Operationswert-20 anwenden und den Zielpreis errechnen
5. Schritt:	Bei den Möbelhändlern über den Zielpreis verhandeln

67

Errechnen Sie den **gängigen Marktpreis** als den **Durchschnitt der Hauspreise**, den mindestens 5 Möbelhäuser in ihrer Region für ein und dasselbe Möbelstück unter dem Strich verlangen.

68

Errechen Sie auf der Grundlage des gängigen Marktpreises und dem Operationswert-20 Ihren **Zielpreis** (Wunschpreis). Der Zielpreis ist der Betrag, mit dem Sie in die Preisverhandlungen einsteigen.

69

Nennen Sie bei den **Preisverhandlungen** immer den konkreten Betrag (Zielpreis), zu dem Sie kaufen würden. Aber erwarten Sie nicht, dass der Möbelhändler bereits beim ersten Gespräch auf die Forderung eingeht. Lassen Sie diejenigen Möbelhändler links liegen, die Ihnen partout nicht entgegenkommen wollen.

70

Kaufen Sie entgegen dem allgemeinen Trend: Bevorzugen Sie die Frühlingsmonate und die Wochen vor dem Weihnachtsfest. Meiden Sie die Tage zwischen Weihnachten und Neujahr und den Januar.

Markenmöbel, Handelsmarken und Designerstücke

71

Bei Markenmöbeln, die als **Herstellermarken** in den Handel kommen, hat der scharfe Preisvergleich nicht nur zum Ziel, den besten Anbieter zu finden. Es geht vielmehr darum herauszufinden, ob es so genannte **freie Modelle** gibt.

Freie Modelle **weichen nur geringfügig von den Markenmodellen ab**, z.B. eine andere Lisene, ein anderer Türknopf, eine leicht abgewandelte Polsterheftung etc. Solche Modelle sind dann wesentlich günstiger.

72

Auch bei **Handelsmarken** wie z.B. „Musterring“ werden freie Modelle auf den Markt gebracht. Das Problem - oder die Herausforderung - ist die Identifizierung. Bereits der Hersteller ist nicht leicht herauszufinden. Ist das gelungen, bleibt zu recherchieren, ob er ein freies Modell anbietet.

73

Kaufen Sie nicht die Katze im Sack und lassen Sie sich bei den **Handelsmarken der Einkaufsverbände und Möbelhäuser** den wahren Hersteller im Kaufvertrag festschreiben. Verweigert der Händler Ihnen das, sollten Sie skeptisch sein und notfalls auf den Kauf verzichten.

Möbelkauf im Internet

74

Nutzen Sie das Internet, um an das gesuchte Möbelstück gewissermaßen „von hinten“ zu gelangen:

Möbelhersteller ⇒ Wunschmöbel suchen ⇒ Möbelhäuser ⇒ Preisvergleiche ⇒ Preisverhandlungen ⇒ Möbelkauf.

75

Einige Markenmöbel werden online günstiger angeboten als im stationären Handel. Auf eine **Preisrecherche im Internet** sollten Sie daher nicht verzichten.

76

Leisten Sie beim Online-Kauf **keine Anzahlung oder Vorauszahlung!** Bezahlen Sie möglichst nur im **SEPA-Lastschriftverfahren**. Denn dann können Sie erforderlichenfalls die Abbuchung auf Ihrem Konto innerhalb von 8 Wochen nach Bekanntgabe des Kontoauszuges wieder stornieren.

77

Kaufen Sie nur in **zertifizierten bzw. in mit einem Gütesiegel ausgezeichneten Shops** ein. Das bekannteste seiner Art ist hier das Siegel von Trusted Shops®.

Verkaufsstrategien der Möbelhändler

78

Bei Angeboten **mit Rabatt und Prozenten** nie auf Qualitätstests und scharfen Preisvergleich verzichten! Rabatte sind in aller Regel **vorher auf den Normalpreis drauf geschlagen worden.**

79

Ein **Lockangebot** könnte dann echt sein, wenn Ausstellungsfläche freigemacht werden muss, die mit **Ladenhütern** belegt ist. Dann wird aber nicht mit einem aufwändigen Prospekt geworben.

80

Schließen Sie eine **0%-Finanzierung** nur nach reiflicher Überlegung ab! Als Ratenkäufer können Sie in der Regel nicht über den Preis verhandeln und verlieren außerdem noch wichtige Schutzrechte wie beispielsweise das 14-tägige Widerrufsrecht.

81

Tiefpreisgarantien sind in vielen Fällen noch nicht einmal das Papier wert, auf dem sie gedruckt sind. Wenn ein Möbelhändler eine solche Garantie anbietet, sollten Sie erst recht vergleichen.

82

Besorgen Sie sich für Ihr Wunschmöbelstück ein schriftliches Angebot und nageln Sie damit den Tiefpreis-Möbler auf seiner Garantie fest.

83

Wenn Sie ein **schriftliches Angebot** benötigen, führt oft dieser Weg zum Ziel: Bitten Sie den Möbler unter einem Vorwand (Beispiel: „Aus Krankheitsgründen kann ich leider nicht persönlich vorbeikommen, ich würde das Schlafzimmer aber gerne diese Woche noch bei Ihnen bestellen.") um die Zusendung des Kaufvertrags per Post. Den unterschreiben Sie dann natürlich nicht und schicken ihn auch nicht zurück.

84

Die Preise auf **Verbrauchermessen** und auf **„Hausmessen"** der Möbelhändler sind meist überhöht. Unterschreiben Sie daher nie einen so genannten „Messevertrag", ohne vorher einen scharfen Preisvergleich durchgeführt zu haben.

85

Zeitdruck ist einer der effektivsten psychologischen Verkaufstricks und er wird in den verschiedensten Varianten aufgebaut. Lassen Sie sich dadurch keinesfalls zu einer vorschnellen Unterschrift verleiten!

86

Bei Räumungsverkäufen wird oft ein regelrechter **Kaufrausch** erzeugt. Die Käufer fürchten, etwas nie Wiederkehrendes zu verpassen und greifen fast blind zu, vielfach ohne wirklichen Bedarf. Dabei sind hier die Möbelpreise meistens genauso niedrig (oder hoch) wie anderswo. Gehen Sie deshalb mit Cleverness vor!

87

Zu Beginn des Räumungsverkaufs sind die Preise meistens gar nicht reduziert. Lassen Sie sich durch die rot durchgestrichenen Zahlen nicht beeindrucken.

Auch wenn im Verlauf der Aktion mit weiteren drastischen Preissenkungen geworben wird, gilt das nur für einzelne Stücke. Das sind meistens Modelle des **inventarisierten Altbestandes.** Sie standen bereits lange vor der Aktion in der Ausstellung.

88 Suchen Sie also nur nach diesen **echt reduzierten Möbeln aus dem Altbestand.** Sie finden diese Modelle, wenn Sie die Gesamtheit der Preisauszeichnungsschilder nach solchen mit abweichenden, oft unauffälligen Merkmalen absuchen.

89 Wenn im ersten Verkaufsgespräch der Räumungsverkaufspreis nicht ausreichend gesenkt wird, wiederholen Sie ihre Besuche, bis Sie **Ihren Preis** haben. Das kann sogar noch **nach dem offiziellen Ende** des Räumungsverkaufs sein.

Kaufvertrag

90 Drängen Sie darauf, dass das **Kleingedruckte** (AGB) in den vorgedruckten Kaufverträgen gestrichen wird. Für beide Seiten genügen vollauf die gesetzlichen Regelungen. Wenn Sie eine komplette Streichung des Kleingedruckten (AGB) nicht erreichen können, sollten Sie zumindest darauf drängen, dass diejenigen Klauseln, die Ihnen „spanisch" vorkommen, gestrichen werden.

91 Lassen Sie sich den **Hersteller des Möbelstücks und die genaue Modellbezeichnung** in jedem Fall im Kaufvertrag festschreiben. Die gilt insbesondere für Handelsmarken. Achten Sie auch darauf, dass penibel übernommen wird, **was auf dem Verkaufsschild, Preisschild, Etikett usw. steht.**

92 Was als **Besonderheit** gelten soll, muss ebenfalls schriftlich festgehalten werden. Das ist, was Sie mündlich ausgehandelt haben und was das Möbelstück für Sie so wertvoll macht. Dazu zählen insbesondere die **zugesicherten Eigenschaften**. Das sind solche Produktmerkmale, auf die immer mit lauten Werbesprüchen hingewiesen wird. Im Kaufvertrag sollte dann stehen: **„Produktbeschreibung ist verbindlich."**

93

Falls Sie ein Möbelstück nehmen, das im Laden steht, will der Möbelhändler immer schreiben: **„Ausstellungsstücke wie gesehen."** Das ist so zwar grundsätzlich in Ordnung, es sollte aber noch angefügt sein:

„Versteckte Mängel berechtigen den Käufer zu Wandlung oder Minderung."

Wandlung bedeutet Rücktritt vom Vertrag. Minderung heißt, den Preis herabsetzen.

94

Versuchen Sie, einen fixen Liefertermin zu erreichen. Das mindeste ist die Festlegung der **Lieferwoche** (Kalenderwoche). Davon sollten Sie nicht abgehen.

95

Immer sollte es im Kaufvertrag heißen: „Lieferung **inklusive Montage."** Sei es nun frei Haus oder gegen Entgelt. Bei Lieferung gegen Entgelt bestehen Sie auf einem **Festbetrag!** Ferner ist im Vertrag festzuschreiben: „Transportschwierigkeiten wegen räumlicher Enge am Lieferort gehen zu Lasten des Möbelhändlers."

96

Falls der Möbelhändler eine **Anzahlung** verlangt, verlangen Sie im Gegenzug dafür eine **Bankbürgschaft**. Ferner sollten Sie diese Zahlungsweise nur unter der Voraussetzung akzeptieren, dass Sie ihrerseits einen **Restbetrag zurückbehalten** können.

Lieferung und Reklamationen

97

Bei der **Lieferankündigung** können Sie darauf bestehen, dass ein konkreter Lieferzeitpunkt genannt wird. Ein Zeitfenster von 2 Stunden („Lieferung zwischen 10 und 12 Uhr") ist angemessen.

98

Bei allzu langen **Lieferverzögerungen** sollten Sie schriftlich eine Nachfrist bestimmen, damit sich der Möbelhändler nicht alle Freiheiten herausnimmt. Auch für die Beseitigung von Mängeln stets eine Frist setzen!

99

Gehen Sie jeglichen Möbelärger und insbesondere einen Reklamationsfall wegen Mängeln konsequent und **immer schriftlich** an. Man wird Sie sonst nicht ernst nehmen.

Schlussbemerkung

Wenn der clevere Möbelkäufer den Kaufvertrag in die Tasche steckt, dann atmet er erst einmal durch.

Auch wir tun es nach diesem intensiven Kurs und gönnen uns eine kleine Pause. Aber dann ... ab ins pralle Leben!

Für den Möbelhändler wird es zunächst wie immer sein. Da schlendern die Möbelhausbesucher scheinbar ziellos durch die Möbellandschaft, blicken hierhin und dorthin, verweilen bei bestimmten Möbeln etwas länger.

Aber was ist denn das?

Da beschäftigen sich doch einige so eigenartig mit den einzelnen Möbelstücken. Und dann löchern sie das Verkaufspersonal mit Fragen und wollen Kataloge und Stoffkollektionen sehen. Was soll das? Sind die ausgestellten Möbel nicht schön genug?

Spätestens wenn es um den Preis geht erkennt der Möbler, wen er vor sich hat:

Den cleveren Möbelkäufer!

Meine lieben cleveren Möbelkäufer, bestimmt werden Sie von einem Erfolgserlebnis zum nächsten Highlight eilen. Welch herrliches Gefühl ist es, ein tolles Möbelstück für einen Preis erworben zu haben, den man zuvor nicht für möglich gehalten hätte! Und dann die Bewunderung (oder der Neid?) der Freunde und Gäste!

Lassen Sie uns an Ihrer Freude teilhaben!

Es sind Ihre Erfahrungen, die uns interessieren. Sowohl das Buch, als auch das wirkliche Leben werden von **Ihrem Feedback** profitieren. Wir stehen auf dem Sprung zu neuen Taten!

Anhang A: Holzarten und Holzmaserungen

Ahorn

Birke

Birnbaum

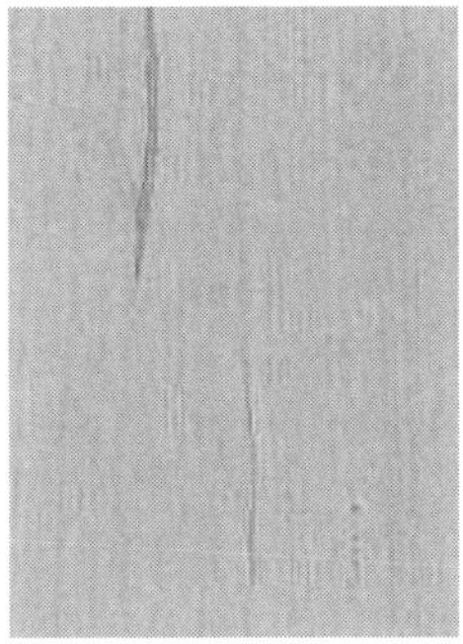

Buche

Eibe

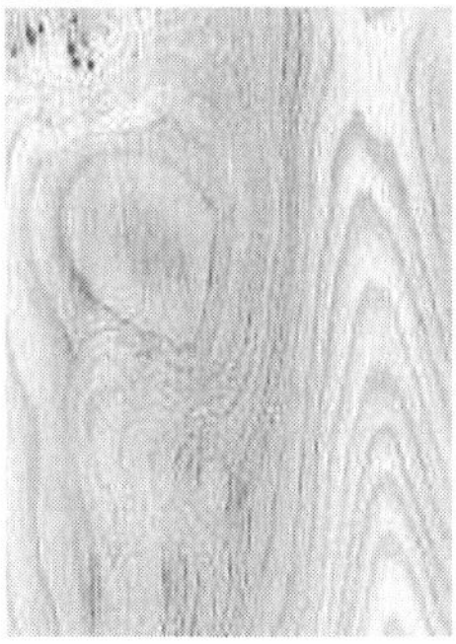

Eiche

Erle

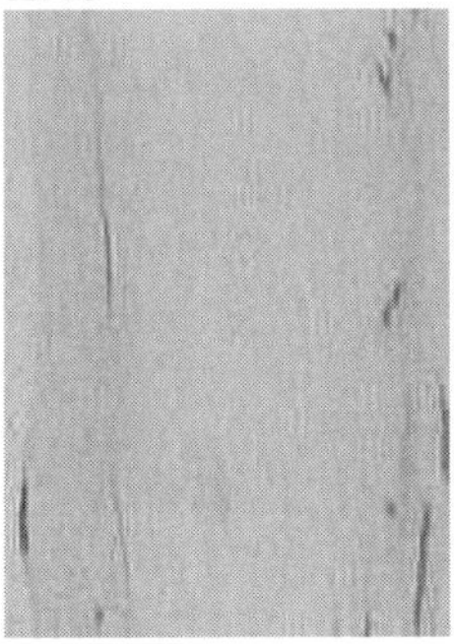

Esche

Fichte

Kiefer

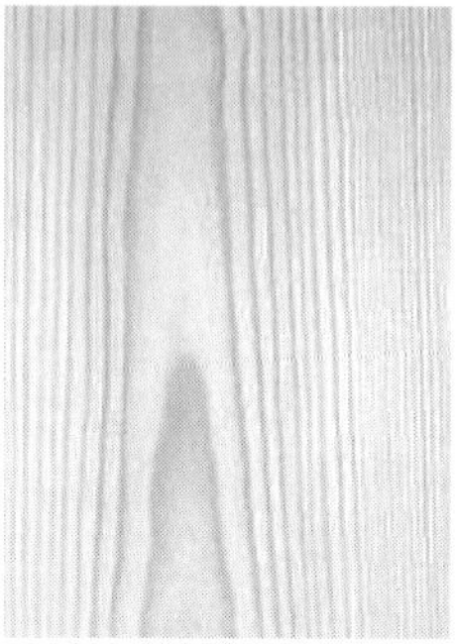

Kirschbaum

Mahagoni

Nussbaum

Pappel

Pinie

Rio Palisander

Rüster

Vogelaugenahorn

Anhang B: Schranktür

Anhang C: Musterbriefe bei Möbelärger

Vorab muss ich betonen, dass meine Lösungsvorschläge meine persönliche Meinung wiedergeben. So würde **ich** handeln, wenn mir das als Möbelkäufer passiert. **Ich biete Ihnen keine Rechtsberatung.** Dazu bin ich nicht befugt.

Was die Musterbriefe betrifft:

Die hier behandelten Fälle korrespondieren mit den Möbelärgernissen, die ich unter Ziffer 10.3.1. beschrieben habe.

Im Text vermeide ich bewusst juristisches Vokabular. Mir kommt es auf die Kernaussagen an. Und die sollen so sein, wie einem der Schnabel gewachsen ist. Mit der Juristensprache wird man sich in dem einen oder anderen Fall später sowieso noch lange genug herumschlagen müssen. Aber nicht hier.

Ferner fehlt die übliche Briefgestaltung. Wenn Sie einen Text übernehmen, formatieren Sie ihn bitte so, wie Sie es gewohnt sind.

In diesem Sinne geht's nun los.

Fall 1 - Unendliches Warten

Nach 6 Monaten Wartezeit habe ich die Nase gestrichen voll. Ich will das Schlafzimmer nicht mehr. Also ist mein Ziel, aus dem Kaufvertrag herauszukommen und vor allem, mein Geld wiederzubekommen. Dazu muss ich in 2 Schritten vorgehen. Zuerst erhält das Möbelhaus folgenden Brief:

Unendliches Warten / Musterbrief 1

Einschreiben mit Rückschein

Letzte Frist zur Lieferung

Sehr geehrte Damen und Herren,

am ... bestellte ich das Schlafzimmer mit der Modellbezeichnung...

Laut Kaufvertrag war es innerhalb 6 Wochen, das ist bis zum ... zu liefern und zu montieren. Heute, nach ca. 6 Monaten, steht die Lieferung immer noch aus.

Bei meinen telefonischen Rückfragen haben Sie mich ständig vertröstet mit der Begründung, dass die Lieferschwierigkeiten beim Hersteller lägen. Wenn das Schlafzimmer eingetroffen sei, würden Sie sofort liefern.

Bis heute ist nichts geschehen.

Ich bin nicht mehr bereit, länger zu warten. Hiermit setze ich Ihnen eine letzte Frist bis zum ... .Sollte bis zu diesem Tag um 17.00 Uhr das Schlafzimmer nicht geliefert und ordnungsgemäß aufgebaut sein, werde ich es nicht mehr abnehmen und meine Anzahlung zurückverlangen.

Mit freundlichem Gruß

Die letzte Lieferfrist, die so genannte Nachfrist, muss kurz sein. Ich würde in diesem Falle 1 Woche, höchstens 10 Werktage ansetzen. Die Erfahrung lehrt, dass der Möbler auch innerhalb der Nachfrist nicht liefert. Aber das haben wir ja einkalkuliert. Denn nun können wir den nächsten Schritt tun:

Unendliches Warten / Musterbrief 2

Einschreiben mit Rückschein

Rücktritt vom Kaufvertrag
Rückzahlung des Kaufpreises
Kaufvertrag vom ... Ihr Zeichen ...

Sehr geehrte Damen und Herren,

Sie haben die letzte Frist zur Lieferung des Schlafzimmers ... nicht eingehalten.

Hiermit trete ich vom Kaufvertrag zurück. Von heute an brauchen Sie eine Lieferung gar nicht erst zu versuchen, ich werde die Ware nicht abnehmen.

Den Anzahlungsbetrag über ... € verlange ich zurück. Bitte überweisen Sie den Betrag auf mein Konto Nr. ... .Das Geld muss bis zum ... eingegangen sein.

Seien Sie versichert, dass ich bei Nichtzahlung umgehend einen Anwalt mit der Wahrnehmung meiner Interessen beauftragen werde.

Im Übrigen behalte ich mir vor, Schadensersatz zu fordern. Hierüber werden Sie von mir noch hören.

Mit freundlichem Gruß

Der Tag des Geldeingangs muss ebenfalls kurzfristig angesetzt werden. 10 Werktage sind angemessen.

Wenn es später um den Schaden geht, muss der Schadenbetrag möglichst genau berechnet werden. Schaden entsteht beispielsweise durch

- Nutzungsausfall (ich habe mein altes Schlafzimmer bereits abgebaut und muss nun eine notdürftige Schlafgelegenheit schaffen. Extremfall: Ich muss im Hotel übernachten.)

- Beschaffungsmehrkosten (ein anderes Schlafzimmer gleicher Qualität, das ich jetzt neu kaufen muss, ist um x Euro teurer).

- Allgemeinkosten (Telefonkosten, Porto, Fahrtkosten, zusätzlicher Zeitaufwand, d.h. Verdienstausfall, usw., also alles, was im Zusammenhang mit dem Neukauf steht).

Wenn bei dieser Berechnung ein hübsches Sümmchen herauskommt, sollte man sich nicht scheuen, vor Gericht zu ziehen.

Fall 2 - Nase voll

Das ist wieder ein typischer Fall: Die Möbel werden zum vereinbarten Zeitpunkt nicht geliefert. Da 8 Wochen Lieferzeit schon recht lang sind, ist eine weitere Nachfrist von 6 Wochen unzumutbar. Kein Wunder, dass der Käufer die Lust auf die Möbel verloren hat. Er will raus aus dem Vertrag und sein Geld zurück haben.

Dann muss man den Möbelhändler schnell in Verzug setzen. Man nimmt das erste Schreiben aus Fall 1 und ändert es etwas ab:

Nase voll / Musterbrief 3

<u>Einschreiben mit Rückschein</u>

Letzte Frist zur Lieferung
Ihr Schreiben vom ...

Sehr geehrte Damen und Herren,

die am ... gekaufte Polstergarnitur mit der Modellbezeichnung ... sollte in dieser Woche geliefert werden.

Nun teilen Sie mir mit oben genanntem Schreiben mit, dass die Lieferung erst in 6 Wochen sein wird. Somit sind Sie ab heute in Lieferverzug.

Ich bin nicht bereit, länger zu warten. Hiermit setze ich Ihnen eine letzte Frist bis zum ... . Spätestens an diesem Tag um 17.00 Uhr muss die Polstergarnitur mängelfrei in meiner Wohnung stehen.

Falls Sie diesen Termin wieder nicht einhalten, werde ich die Garnitur nicht mehr abnehmen und meine Zahlung zurück verlangen.

Mit freundlichem Gruß

Die letzte Frist würde ich mit 2 Wochen ansetzen.

Der Passus „mängelfrei in meiner Wohnung stehen“ hat besondere Bedeutung. Sollte nämlich der Möbelhändler wider Erwarten am Stichtag mit der Polstergarnitur anrücken, haben Sie eine zusätzliche Waffe in der Hand:

Sie untersuchen die Polster genau. Wenn Sie nur **eine** Macke finden, müssen die Fahrer die Garnitur wieder aufladen. Kann ganz schön hart werden, meinen Sie?

Sie wollen sich doch wohl nicht auf der Nase herum tanzen lassen. Denn auf die überlange Lieferzeit folgt mit Sicherheit eine noch längere Zeit der Mängelbeseitigung. Sie würden ja Ihres Lebens nicht mehr froh!

Unser Möbler ist nun also in Verzug gesetzt. Weiter geht's mit dem Rücktritts- und Rückforderungsschreiben aus dem Fall 1, Musterbrief 2.

Fall 3 - Messeärger

Der Fragesteller hatte wohl im Hinterkopf, dass es bestimmte Verträge gibt, für die der Gesetzgeber ein Widerrufsrecht innerhalb von 14 Tagen festgelegt hat.

Dies ist der Fall bei den so genannten Haustürgeschäften sowie bei Bestellungen im Versandhandel und über Internet. Auch Ratenkäufe, sofern nicht zu 0% Zinsen, können innerhalb dieser Frist widerrufen werden.

Messegeschäfte fallen jedoch nicht darunter. Ich konnte meinem Fragesteller also keine Hoffnung machen.

Fall 4 - Montage nix

Da will uns jemand ins Bockshorn jagen. Die Klausel „Lieferung frei Haus“ ist ein feststehender Begriff des Allgemeinverständnisses. Das heißt, dass jeder versteht, was damit gemeint ist. Und gemeint ist das Hineinschaffen in die Wohnung mit anschließendem Aufbau der Möbel.

Es gibt eine Ausnahme: Die so genannten SB-Möbel der Mitnahmemärkte. Hier besteht von Anfang an gegenseitiges Einvernehmen, dass der Käufer die Möbel selbst montiert. Also auch wieder Allgemeinverständnis. Ich gehe davon aus, dass in unserem Fall die Eckbank nicht im SB-Markt gekauft wurde.

Will der Möbelhändler bei diesem Kauf nur liefern und nicht montieren, muss er das vorher deutlich sagen. Und der Käufer muss damit einverstanden sein. Im Vertrag steht dann: „Lieferung frei Haus ohne Montage.“ Hier ist das nicht so, also schreiben wir.

Montage nix / Musterbrief 4

<u>Einschreiben mit Rückschein</u>

Montage der gelieferten Eckbankgruppe

Sehr geehrte Damen und Herren,

die am ... gelieferte Eckbankgruppe mit der Modellbezeichnung ... wurde von Ihrem Personal nicht aufgebaut.

Im Kaufvertrag vom ... heißt es: Lieferung frei Haus. Sie wissen so gut wie ich, dass damit auch der Aufbau der Eckbank eingeschlossen ist.

Ich fordere Sie hiermit auf, die Montage bis zum ... vollständig und mängelfrei auszuführen.

Sollten Sie den Aufbau bis dahin nicht ausgeführt haben, werde ich einen Handwerker mit diesen Arbeiten beauftragen. Die Kosten werde ich Ihnen in Rechnung stellen.

Außerdem behalte ich mir vor, Ihnen den Schaden aufzuerlegen, der mir dadurch entstanden ist, dass ich mein Esszimmer nicht nutzen kann

Zur Absicherung dieser Forderungen halte ich einen Teilbetrag in Höhe von ... € zurück.

Mit freundlichem Gruß

Fall 5 - Montageärger

Der SB-Computertisch hatte 149,00 € gekostet, wie man mir auf Rückfrage mitteilte. Und jetzt geht's los:

6 Stunden Zeitaufwand insgesamt (Stundenlohn 25,00 €)	150,00 €
120 zusätzliche Autofahrkilometer à 0,30 €	36,00 €
Summe	186,00 €

Was sagt man dazu!?

Die 3 Stunden Arbeit für die Selbstmontage muss man außer Acht lassen. Auf so etwas lässt sich jeder ein, der Mitnahmemöbel kauft.

Der zusätzliche Zeitaufwand aber und die Zusatzfahrten waren unnötig und sind dem Möbelhändler zuzuschreiben. Die fehlende Schraube verursachte Kosten in Höhe von 186,00 €.

Das muss der Möbelhändler zu spüren bekommen. Wir stellen ihm den Betrag in Rechnung:

Montageärger / Musterbrief 5

Einschreiben mit Rückschein

Ersatz von Aufwendungen für Mängelbeseitigung

Sehr geehrte Damen und Herren,

am ... kaufte ich in Ihrem SB-Markt einen Computertisch mit der Modellbezeichnung ... . Beim Aufbau zuhause musste ich feststellen, dass eine Schraube fehlte. Eine endgültige Montage war dadurch nicht möglich. Ich war gezwungen, wieder zu Ihrem Möbelhaus zu fahren.

Die mir dann übergebene Schraube passte wieder nicht. Eine 2. Fahrt wurde erforderlich. Erst jetzt händigten Sie mir einen neuen vollständigen Beschlagbeutel aus. Endlich konnte ich den Computertisch fertig montieren.

Die mir entstandenen Zusatzkosten gehen zu Ihren Lasten:

... Autokilometer à ...,.. €	...,.. €
... Stunden zusätzlicher Zeitaufwand à ...,.. € (Nachweis wird auf Verlangen vorgelegt)	...,.. €
Summe	...,.. €

Ich fordere Sie hiermit auf, diesen Betrag bis zum ... auf mein Konto Nr. ... zu überweisen.

Mit freundlichem Gruß

Wahrscheinlich wird der Möbelhändler die Zahlung zunächst verweigern. Man wird sich auf einen Rechtsstreit einrichten müssen.

Fall 6 - Abzocken hinten herum

Geschäftsbedingungen hin oder her, eine nachträgliche Preiserhöhung machen wir nicht mit. Das sagen wir dem Möbelhändler auch ganz ruhig am Telefon (also ausnahmsweise nicht schreiben). Ein unabhängiger Zeuge ist während des Telefonats in der Nähe und hört, was ich sage. Möglicherweise brauche ich ihn später als Zeugen.

Sinn dieses Vorgehens ist, den Möbelhändler nicht zu erschrecken. Der Möbler könnte sonst vielleicht auf die Idee kommen: „Ich liefere nicht, bevor ich nicht schwarz auf weiß habe, dass der neue Preis akzeptiert ist."

Nein, liefern soll er. Gezahlt wird aber nur der im Kaufvertrag vereinbarte Preis. Will er mehr, muss er tätig werden. Wir können entsprechend reagieren. Aber das ist ein anderes Kapitel.

Fall 7 - Kaufreue

Das ist der typische Fall von Kaufreue. Man hat zugegriffen und stellt kurz darauf fest, dass die Möbel woanders günstiger sind.

„Pacta sunt servanda (Verträge müssen eingehalten werden)", sagte Dr. Helmut Kohl, als er noch Bundeskanzler war. So gerne ich möchte, ich kann ihm da nicht widersprechen. Wie gut, dass der keine Möbel verkauft!

Aber Spaß beiseite. Ich habe unseren Fragestellern keine Hoffnungen gemacht. Sie müssen die teureren Möbel abnehmen und bezahlen.

Fall 8 - Gibt's nicht mehr

Hier liegt die Sache anders. Wir können uns auf die „Unmöglichkeit der Leistung" berufen und vom Vertrag zurücktreten.

Ich weiß es nicht, aber ich gehe mal davon aus, dass keine Anzahlung geleistet wurde. Das macht es einfacher. Wir lassen folgendes Schreiben los:

Gibt's nicht mehr / Musterbrief 6

<u>Einschreiben mit Rückschein</u>

Rücktritt vom Kaufvertrag, weil Sie nicht liefern können

Sehr geehrte Damen und Herren,

am ... kaufte ich eine Essgruppe mit der Modellbezeichnung ... bestehend aus ... Am ... teilten Sie mir telefonisch mit, dass diese Essgruppe nur noch in einer geänderten Ausführung lieferbar sei. Ich will aber keine geänderte Ausführung und bestehe auf der ursprünglichen Bestellung.

Da es Ihnen unmöglich ist, die bestellte Essgruppe zu liefern, trete ich hiermit vom Kaufvertrag zurück.

Mit freundlichem Gruß

Ihnen wird aufgefallen sein, dass ich die telefonische Einverständniserklärung zur Lieferung der geänderten Ausführung nicht erwähne. Ich will dem Möbelhändler nicht vorgreifen. Er wird schon darauf pochen, wenn er seinen Auftrag retten will. Dann kann ich ihm aber leichter erklären, dass er mich am Telefon missverstanden habe.

„Es gilt, was ich Ihnen geschrieben habe“, werde ich ihm sagen, „und nichts anderes!“ Soll er das Gegenteil beweisen! Der Möbler schert sich ja auch nicht um die mündlichen Versprechungen seiner Verkäufer und verweist im Streitfall immer auf den schriftlichen Vertrag.

Einen Rat muss ich unserem Fragesteller aber noch mitgeben: Keinesfalls sofort zum anderen Möbelhaus laufen und die Lieblingsessgruppe kaufen. Denn wenn das mit dem ersten Möbler wider Erwarten schief geht, dann sitzt er auf (oder zwischen) der doppelten Anzahl von Stühlen und an 2 Esstischen. So viele sollten es doch wohl nicht sein.

Also: Erst neu kaufen, wenn feststeht, dass Sie aus dem alten Vertrag raus sind!

Fall 9 - Möbelmacken

Das ist ein typischer Mackenfall. Manche Möbelhäuser engagieren für solche Fälle selbständig agierende Reparaturfirmen. Mit Recht will der Kunde aber keine reparierten Sessel kaufen, sondern einwandfreie und fabrikneue.

Dazu müssen wir wieder schriftlich vorgehen. Dass der Möbelhändler zuerst einen Sachverständigen herschicken will, warten wir nicht ab. **Der wird nämlich nicht uns helfen, sondern dem Möbelhaus.**

Möbelmacken / Musterbrief 7

<u>Einschreiben mit Rückschein</u>

Umtausch einer kompletten Polstergarnitur

Sehr geehrte Damen und Herren,

am ... lieferten Sie eine Polstergarnitur mit der Modellbezeichnung ... in der Ausstattung .... .

Die Polstergarnitur weist folgende Mängel auf: ...

Die Mängel sind so schwerwiegend, dass ich darauf bestehen muss, die schadhafte Garnitur komplett gegen ein neue, mängelfreie auszutauschen. Den Austausch einzelner Teile werde ich nicht akzeptieren, weil die Farben zwangsläufig nicht übereinstimmen werden.

Für den Umtausch setze ich eine Frist bis zum .... . Den Kaufpreis halte ich solange zurück.

Mit freundlichem Gruß

Sie haben gewiss registriert, dass die Rücknahme der kompletten Garnitur gefordert wird. Der Möbelhändler täte gut daran, dieser Forderung zu folgen. Denn mit Sicherheit würde nach einem Teilaustausch der Tanz wieder von vorne beginnen: Diesmal wegen der Farbabweichungen.

Die Fristsetzung ist hier nicht so streng zu sehen. Da der Möbler sein Geld will, wird er sich schon beeilen. Unserem Polsterkäufer nützt die Zeit sogar. Er kann die Polster im täglichen Gebrauch testen.

Fall 10 - Preisdessert

Das hatten wir doch schon: Preisanpassung in der Zeit zwischen Kaufabschluss und Lieferung (Fall 6 - Abzocken hinten herum). Kommt nicht infrage!

Auch hier gilt es, nur auf der mündlichen Ebene zu agieren. Falls allerdings der Möbler schreiben sollte, werden wir ebenso antworten. Die Strategie ist: Die Lieferung nicht gefährden. Gezahlt wird aber nur, was im Kaufvertrag steht.

Doch was heißt „die Lieferung nicht gefährden“? Wir sind auf diesen Möbler nicht angewiesen. Es gibt so viele Stühle in der Möbellandschaft. Sollte dieser Kauf platzen, finden wir genügend andere, wahrscheinlich sogar zu einem geringeren Preis.

Fall 11 - Noch mal Kaufreue

Auch hier gilt: Pacta sunt servanda - mit oder ohne Dr. Helmut Kohl (siehe Fall 7).

Als ich dies der Dame mitteilte, hörte Sie trotzdem nicht auf, den Möbelhändler zu löchern. Sie informierte mich später voller Stolz, dass er nach langem Gespräch auf seinen Vertrag gepfiffen habe, und dass er den Preis auf den des Konkurrenten heruntersetzte.

Ich fragte Sie, ob sie eine charmante Schönheit sei. Sie wollte mir ein Bild schicken. Bis jetzt ist es noch nicht da.

Fall 12 - Von wegen Nachbesserung

Auf die Lieferungs- und Zahlungsbedingungen dieses Möblers ist gepfiffen. 3 Mal Nachbessern ist nicht. Aber es ist trotzdem meist schwer, einen Vertrag wegen Mängeln zu stornieren. Schwer deshalb, weil die Mängel schwer sein müssen.

Mein Fragesteller hat mir nicht mitgeteilt, welcher Art die Mängel sind, die ihn so ärgern, dass er die Sitzmöbel überhaupt nicht mehr will. Ich unterstelle einmal, dass mit „nicht sauber verarbeitet“ gravierende Macken sanft umschrieben wurden.

Was das Nachbessern angeht, will ich aus der sehr kurzen Schilderung folgern, dass eine Verarztung der Macken den üblen Gesamtzustand des Möbels nicht bessert. Das haben schwerwiegende Mängel so an sich. Die Nachbesserung ist meist reine Zeitverschwendung. Da habe ich meine Erfahrungen. Aber aus taktischen Gründen lassen wir es den Möbelhändler einmal versuchen. Natürlich nur einmal, wohl wissend, dass es ihm nicht gelingt. Also drücken wir ihm zuerst ein Mängelrügeschreiben auf:

Von wegen Nachbesserung / Musterbrief 8

<u>Einschreiben mit Rückschein</u>

Schwerwiegende Mängel an der gelieferten Sitzgruppe
Kaufvertrag vom ...

Sehr geehrte Damen und Herren,

die am ... gelieferte Sitzgruppe weist folgende gravierende Mängel auf: ...

Ich gebe Ihnen hiermit die Möglichkeit, die Mängel zu beseitigen. Hierzu lasse ich Ihnen bis zum ... Zeit. Sollten die Möbel bis dahin nicht in einen einwandfreien Zustand gesetzt sein, werde ich vom Kauf zurücktreten.

Mit freundlichem Gruß

Als Reparaturzeitraum setzen wir höchstens 6 Arbeitstage an. Danach erst geht das Rücktrittschreiben raus.

Leider kommt hier erschwerend hinzu, dass der Kaufpreis schon gezahlt wurde.

Von wegen Nachbesserung / Musterbrief 9

<u>Einschreiben mit Rückschein</u>

Rücktritt vom Kauf

Sehr geehrte Damen und Herren,

die am ... gelieferte Sitzgruppe hat gravierende Mängel. Es ist Ihnen nicht gelungen, diese zu beseitigen. Die Möbel sind auf den ersten Blick bereits als repariert zu erkennen. Ich will aber neue Möbel, keine reparierten. Es ist unzumutbar, sie zu behalten.

Hiermit erkläre ich den Rücktritt vom Kaufvertrag vom ...

Ich fordere Sie auf, die Möbel bis zum ... wieder abzuholen. Gleichzeitig fordere ich den gezahlten Kaufpreis zurück. Dieser ist Zug um Zug bar zu zahlen oder auf mein Konto Nr. ... zu überweisen (Wertstellung spätestens am Tag der Abholung der Möbel).

Im Übrigen behalte ich mir vor, von Ihnen Schadenersatz zu fordern, der mir aufgrund Ihrer Schlechtlieferung entstanden ist.

Mit freundlichem Gruß

Auch hier wird eine kurze Abholfrist (6 Werktage) angesetzt. Aber wir werden nicht allzu stur sein, wenn der Möbler Fristverlängerung verlangt. Stur und hartleibig müssen wir jedoch sein, wenn der Möbler unseren Aufforderungen nicht nachkommt. Wir dürfen uns nicht scheuen, notfalls die Sache vor Gericht zu bringen.

Fall 13 - Himmelhohe Anzahlung

Ja, die leidige Anzahlung. Wenn wir uns schon darauf einlassen, müssen wir sie auf ca. 10% der Kaufsumme drücken. Das geht so:

Himmelhohe Anzahlung / Musterbrief 10

Einschreiben mit Rückschein

Anzahlung

Sehr geehrte Damen und Herren,

am ... kaufte ich ein Schlafzimmer mit der Modellbezeichnung ... zum Kaufpreis von ....,.. €.

Der Kaufvertrag sieht vor, dass ich bis zum ... eine Anzahlung in Höhe von ....,.. € leiste. Dieser Betrag ist unangemessen hoch, da Ihrerseits keine entsprechende Leistung gegenübersteht.

Ich bin bereit, ...,.. € als Anzahlung zu entrichten und habe die Überweisung inzwischen veranlasst.

Ich gehe davon aus, dass Sie vertragsgemäß liefern werden und freue mich bereits auf das neue Schlafzimmer.

Mit freundlichem Gruß

Den Möbelhändler müsste der Teufel reiten, wenn er das nicht akzeptiert und den Auftrag platzen lässt. Wenn doch, macht uns das gar nichts aus. Wir können das gleiche Schlafzimmer auch woanders kaufen.

Vielleicht sagen Sie nach alledem: „Alles schön und gut. Aber Sie haben oft das Kleingedruckte vergessen."

Nein, das habe ich nicht. Ganz bewusst ignoriere ich das im vorgerichtlichen Stadium der Streitigkeiten. Wenn es nämlich zum Rechtsstreit kommen sollte, wird der Richter das Kleingedruckte zwangsläufig unter die Lupe nehmen. Die Gegenseite wird darauf bestehen.

Aber wie ich beobachten konnte und kann, fallen Klauseln, die den Möbelhändler allzu sehr begünstigen, vor Gericht meistens durch. Weshalb soll ich mich vorher beim Möbelhändler damit plagen? Er stimmt mir ja doch nicht zu.

Eventuell bewerten Sie meine Musterbriefe bzw. meine Vorgehensweise in einigen Fällen als Überreaktion. Sie können das daher auch gerne etwas gemäßigter angehen, wenn Sie mit Ihrem Möbelhändler bisher gut klargekommen sind.

Und möglicherweise werden Sie sich auch sagen: „Bevor ich so mächtige Schreiben loslasse, suche ich lieber in telefonischen oder mündlichen Gesprächen eine gütliche Einigung."

Ich will Sie davon nicht abhalten. Doch ich prophezeie Ihnen, dass Sie damit Ihren Ärger nur verstärken.

Daher ein letzter Tipp:

> Gehen Sie jeglichen Möbelärger und insbesondere einen **Reklamationsfall wegen Mängeln** konsequent und **immer schriftlich** an. Man wird Sie sonst nicht ernst nehmen.

A

B

C

D

E

I

K

L

M

N

O

P

Q

R

S

T

U

V

W

Z

Hinweise

Clever Möbel kaufen

ISBN 978-3-9814858-7-5 **10. aktualisierte Auflage**
(ISBN 978-3-9814858-2-0 9. aktualisierte Auflage 2013)
(ISBN 978-3-9811218-7-2 8. aktualisierte Auflage 2010)
(ISBN 978-3-9811218-4-1 7. aktualisierte Auflage 2008)
(ISBN 3-9808863-6-0 6. aktualisierte Auflage 2006)
(ISBN 3-9808863-0-1 5. erweiterte Auflage 2004)
(ISBN 3-9807393-9-2 4. aktualisierte Auflage 2003)
(ISBN 3-9807393-6-8 3. erweiterte Auflage 2002)
(ISBN 3-9807393-3-3 2. bearbeitete Auflage 2001)
(ISBN 3-9807393-1-7 1. Auflage 2000)

Besuchen Sie die Internetseiten

www.moebel-tipps.de
www.cleverkuechenkaufen.de

und

- ✓ abonnieren Sie die **kostenlose** Online-Zeitschrift **Möbel-Tipps** (ISSN 1616-2013)
- ✓ lesen Sie viele weitere wertvolle und aktuelle Informationen zum Thema Möbelkauf.

Haftungsausschluss

Der Inhalt des Buchs wurde sorgfältig recherchiert, bleibt aber ohne Gewähr für Richtigkeit und Vollständigkeit.

Autoren und Verlag haften nicht für Schäden, die auf die Nutzung oder Nichtnutzung der dargebotenen Informationen oder auf die Nutzung oder Nichtnutzung fehlerhafter und unvollständiger Informationen zurückzuführen sind.

Urheberrechte Dritter

Alle in diesem Buch genannten Firmen und Produkte dienen lediglich der Information des Lesers und könnten Marken sein. Die Markenzeichen sind Eigentum der jeweiligen Hersteller, Handelsunternehmen oder sonstigen Inhaber und sind gesetzlich geschützt ®.

Soweit Texte, Abbildungen und Grafiken verwendet wurden, die fremden Urheberschutzrechten unterliegen, sind sie autorisiert oder es konnte kein Copyright festgestellt werden. In solchem Falle wird um nachträgliche Nutzungsgenehmigung gebeten.

Kontakt

Verlag Günther Net Publishing
Inhaber: Olaf Günther
Gertrud-Bäumer-Weg 4
D-71522 Backnang
Telefon: (0 71 91) 34 55 37 - 1
Telefax: (0 71 91) 34 55 37 - 2

Internet: www.moebel-tipps.de

ISBN 978-3-9814858-6-8

Beim **kostspieligen Kauf einer Einbauküche** dem Küchenhändler hilflos ausgeliefert sein? Die hohen Preise einfach akzeptieren? Nein, Danke.

In **Clever Küchen kaufen** erfahren Sie, wie Sie die besten Anbieter finden, ihnen mit Sachkenntnis gegenübertreten und mit dem cleveren „7-Schritte-Küchendeal“ einen Preis herausholen, den Sie nicht für möglich gehalten hätten. Die Möbel- und Küchenexperten Heinz G. und Olaf Günther zeigen Ihnen

- ✓ wie Sie Ihre Küche optimal planen
- ✓ welche Qualität sie haben muss
- ✓ wie die Händler tricksen
- ✓ welche 10 Gebote beim Kaufabschluss zu beachten sind
- ✓ wie Sie Lieferverzögerungen begegnen und Reklamationen erfolgreich durchsetzen

Umfangreiche Checklisten erleichtern Ihnen in jeder Phase des Küchenprojekts die Prüfung, ob alles richtig läuft. Ihr Küchenkauf wird so zu einem einzigartigen Erfolgserlebnis!

Erhältlich unter **www.cleverkuechenkaufen.de** oder im Buchhandel!

ISBN 978-3-9811218-8-9

Clever mieten? Müssen Sie heutzutage bereits clever sein, nur um wohnen zu können? Mag sein, dass Sie als Mieter eine Wohnidylle gefunden haben. Möge sie Ihnen erhalten bleiben! Was aber, wenn

- ✓ sich an den Wänden Schimmel bildet?
- ✓ die Wohnfläche kleiner ist als im Mietvertrag angegeben?
- ✓ von außen andauernd störender Lärm in Ihre Wohnung dringt?

Denken Sie jetzt etwa daran, die Miete zu mindern? Fragen Sie sich, wie das geht?

Oder: Die Mietnebenkosten sind wesentlich höher, als der Vermieter zuvor veranschlagt hat. Oder: Die Miete wird drastisch erhöht. Fragen Sie sich, ob Sie etwas dagegen tun können?

Christian Franz ist selbständiger Rechts- und Fachanwalt und hat sich mit diesem Ratgeber auf die Seite der Wohnungsmieter geschlagen. Er stellt Ihnen sein profundes Rechtswissen praxisorientiert zur Verfügung - damit Sie als Haus- oder Wohnungsmieter von Anfang an alles richtig machen!

Erhältlich unter **www.mietrecht-information.de** oder im Buchhandel!